**관찰의 힘**

# 관찰의 힘

## 최고의 성과를 만드는 습관

| 권동칠 지음 |

 성림원북스

# 완주의 조건,
# 열정으로 갈아신어라

인생을 비유하는 말이 많다. 독일의 소설가 장 파울은 인생을 '한 권의 책'이라고 했고, 영국의 대문호 셰익스피어는 '한 편의 연극'이라고 했다. 어느 누군가는 인생을 마라톤에 비유했는데, 나는 이 말이 가장 마음에 든다.

정말 인생은 마라톤과도 같다. 평탄한 길이 있는가 하면 험난한 길이 있고, 오르막길이 있으면 내리막길이 있다. 출발선에서부터 42.195km를 달리는 동안 여러 예기치 않은 일과 맞닥뜨리기도 한다.

문득 출발선에 서 있던 오래전의 내 모습이 떠오른다. 꿈 많은 20대 후반의 사회 초년병 시절부터 내 목표는 분명했다. 그것은 사회에서라도 꼭 한 번 1등을 해보는 것이었다. 그때까지의 내 인생에서는 별로 내세울 것이 없었다. 중학교 때 가출도 했고, 막노동판에서 질통도 졌다. 그 역시 지금은 좋은 경험으로 내 인생의 한 부분을 차지하고 있지만, 당시에는 부끄럽고 감추고 싶은 일로만 여겨졌다. 그래서 사회에 나가면 열등감을 싹 지우고 보란 듯이 정상에 서고 싶었다. 그래서 나는 총소리와 함께 출발선을 뛰쳐나가자마자 우사인 볼트처럼 전력으로 달리기 시작했다. 먹고 자는 시간을 제외하고는 오직 일에만 몰두했다. 연애는커녕 신문 한 줄 볼 시간이 없었다. 회사는 그런 나에게 입사 3년 만에 해외영업 파트 책임자라는 명함을 주었다. 내가 '신발에 미친 사나이'라는 별명을 얻게 된 것도 그 무렵이었다. 이후에도 나는 앞만 보고 달리는 경주마처럼 쉬지 않고 달렸다. 세계 신발업계의 메카라 불리는 부산에서 창업을 했고, 몇 년 후 꿈에도 그리던 토종 브랜드 '트렉스타'를 출범시켰다. 그러나 초반에 오버페이스를 한 탓일까. 나는 반환점을 돌기도 전에 뜻밖의 장애물을 만나 풀썩 주저앉고 말았다. 당시 내게는 아무것도 남아 있지 않았다. 빚쟁이의 독촉 전화와 공과금 고지서만이 밀린 숙제처럼 내 앞에 놓여 있었다. 회사는 도산 위기에 처했고, 곧 공중분해 될 것 같았다. 그러나 나는 온갖 악재에도 좌절하지 않았다. 아직 가야 할 먼 길이 남아 있지 않은가. 나는 몸을 추스르고 일어났다. 그때 나를 일으켜 세운 것은 반드시 내 손으로 '세상에 없는 것'을 만들어 보이겠다는 꿈과 열정이었다. 이 세상을 다 품을 만큼 큰 포부가 아직 내게 있는데 어떻게 주저앉을 수 있는가.

나는 악재를 훌훌 털어내고 다시 뛰기 시작했다. 지난 실패의 경험을 교훈 삼아 차분하게 페이스를 유지했다. 먼 길을 가기 위해서는 힘을 비축해야 한다는 것도, 동행하는 사람들과 보조를 맞추어야 한다는 사실도 새삼 깨우쳤다. 그렇게 겨우 반환점을 돌았다.

다시 걸음을 내딛기 시작했을 무렵 나는 뜻밖의 선물을 얻었다. 연륜이 깊어지고 경험이 쌓이면 세상을 보는 눈이 넓어진다는 사실을 그때 알았다. 내 주변에만 머물러 있던 시각이 넓어지고 눈이 열리면서 전에는 보이지 않던 것들이 보이기 시작했다. 그것은 실패에 굴하지 않고 일어선 뒤로 삶에 대한 감사와 고마움이 깊어지면서 찾아온 변화였다. 나를 형성하고 있는 자잘하면서도 평범한 일상 속에 감추어진 엄청난 보물을 발견하게 된 것이다. 나는 이 기적과도 같은 선물에 '관찰'이라는 이름을 붙였다.

시인 나태주는 '오래 보아야 예쁘다'라고 노래했다. 신발업계에 뛰어든 뒤로 나는 어떻게 하면 더 편안하고 뛰어난 신발을 만들 수 있을지 고민하며 길을 가다가도 사람들의 신발과 걸음걸이를 살피고는 했다. 머릿속에 늘 숙제를 지니고 살았기에 자연스럽게 그쪽으로 눈이 향했다. 그런 식으로 오랜 시간 한 곳을 바라보는 동안 내 안에 무언가가 쌓여가고 있었다. 단순히 '보는' 차원을 넘어 주의 깊게 살피고 거기에서 '예쁨'을 발견하는 경지에 이른 것이다.

트렉스타는 그동안 남들이 생각해내지 못한 발상을 바탕으로 다양한 신기술이 적용된 제품을 선보였다. 업계의 주목을 받으면서 자연히 이런 질문이 쏟아졌다. "어떻게 그처럼 기발한 아이디어를 생각해냈습니까?" 질문을 한 사람은 무슨 대단한 비결이라도 얻어낼 요량으로 그렇게 물었겠지만, 그때마다 나는 맥 빠지는 대답을 해줄 수밖에 없었다. "제 주변에서 일어나고 있는 일들을 주의 깊게 관찰한 덕분입니다." 조언을 구하는 이들에게 거창한 비법이라도 전수해주고 싶지만, 솔직히 내가 해줄 수 있는 말은 그것뿐이다. 하지만 한 가지 덧붙이고 싶은 이야기는 있다.

서비스와 제품이란 사람들이 겪는 어려움을 해결해주고 필요를 충족시켜줄 때 가치를 획득한다. 때문에 서비스와 제품의 출발점은 결국 사람들이 살아가는 일상이 되어야 한다. 이를 역으로 생각하면 우리가 매일 접하는 일상에는 숱한 해결책과 새로운 발상의 힌트가 숨겨져 있다고 볼 수 있다.

하지만 일상은 쉽게 그 비밀을 열어 보이지 않는다. 무심히 애정 없는 눈으로 그저 바라보기만 하는 이에게 일상은 평범한 일들이 지루하게 이어지는 현상에 불과하다. 이 세상에 공헌을 하고 사람들의 불편을 덜어주며 새로운 가치를 만들고 나누겠다는 적극적인 관점으로 바라볼 때만이 일상은 미답지(未踏地)와도 같은 비밀스러운 영역을 하나씩 보여준다. 일상에서 미래를 발견하기 위해서는 목표를 분명히 하고, 꿈과 열정으로 거기에 달려들며, 애정 어린 시선으로 이 세상을 바라보아야 한다. 이러한 조건이 갖추어졌을 때 '관찰'은 드디어 '힘'을 발휘하게 된다.

40년 넘게 신발과 아웃도어라는 한 우물을 파면서 깨달은 생각과 경험을 이 책에 정리했다. 나의 이야기가 그리 대단치는 않으나 고정관념과 통념을 깨고 발상을 전환하여 새로운 아이디어를 얻고자 하는 이들에게 작은 도움이나마 되었으면 하는 마음으로 이 책을 썼다. 좋은 서비스와 제품은 사람들의 불편과 문제를 해소해주고 대중의 필요를 충족시켜주는 것임을 잊지 않는다면, 우리의 평범한 일상에 숨겨진 수많은 '답'이 당신을 기다리고 있음을 알게 될 것이다. 그런 생각으로 살아간다면, 보다 애정 어린 눈길로 이 세상을 바라볼 수 있지 않을까. 이 책을 통해 그러한 마음가짐을 갖는 데 미약하나마 도움이 되기를 바란다.

권동칠

# 아무도 가지 않은
## 길을 가라

"

길이 끊긴 곳에서
다시 신발 끈을 조여 매는 사람이 있다.

그는 안다.
외로울 것이다. 힘들 것이다.
두려울 것이다, 그만두고 싶을 것이다…….

하지만 그는 또 안다.
그게 자신의 길이라는 것을,
가야 할 곳이라는 걸.

"

세상에
없는
것

# 등산화 시장의
# 패러다임을 바꾸다

1994년, 나는 오랜 꿈을 이루었다. 우리의 자체 브랜드 '트렉스타'가 태어난 것이 그해다. 창업한 지 꼭 6년 만이었다.

그러나 자체 브랜드를 가졌다고 해서 나의 꿈이 완전히 실현된 것은 아니었다. 브랜드는 이름일 뿐이다. 브랜드를 대표하는 상품이 있어야 브랜드는 진짜 의미를 갖는다. 혁신적이면서도 독특한 제품이라면 더할 나위 없다. 하지만 자체 브랜드에 어울리는 우리만의 제품을 만든다는 것이 결코 쉬운 일은 아니었다.

전 사원이 모인 가운데 신제품의 방향을 잡기 위한 회의가 계속되었다. 자체 브랜드를 가진 이상 앞으로는 주문처의 눈치를 볼 필요가 없었다. 얼마든지 우리가 원하는 상품을 마음껏 개발할 수 있었다. 그러나 그러한 상황은 우리 회사가 세계 시장의 엄정한 평가 앞에 서야 한다는 냉혹한 현실의 출발점이기도 했다.

우리는 그동안 OEM(주문자 상표 부착 생산, 주문자가 요구하는 제품과 상표명으로 완제품을 생산하여 납품하는 것) 방식으로 신발을 만들면서 쌓아온 나름의 기술력과 노하우를 갖추고 있었고, 품질 면에서도 높은 신뢰도를 구축하고 있었다. 문제는 아이디어였다. 아무도 시도하지 않은 획기적인 상품을 세상에 내놓아 세계 시장을 깜짝 놀라게 만들고 싶었다. 그러나 신제품 개발회의를 시작한 지 한 달이 넘어서도록 특화된 상품에 대한 얼개가 잡히지 않았다. 직원들 역시 디자인이나 신기술에 대해 큰 부담을 안고 있는 듯했다.

신제품의 방향을 설정하기 위해 절치부심하던 어느 날이었다. 나는 부산의 한 야산에 올라 등산객들을 유심히 지켜보았다. 그것은 내 오랜 습관이다. 머릿속이 복잡하거나 새로운 아이디어가 필요할 때 나는 산에 올라 등산객들의 옷차림과 등산화를 관찰하면서 머리를 쉬는 한편 영감을 얻기도 한다. 그러던 중 평범한 운동화를 착용하고 산을 오르는 등산객이 눈에 들어왔다. 등산로가 잘 다져진 대도시 주변의 야산에서는 등산화가 아니라 간편한 운동화를 신고 산을 오르는 사람들이 더러 있는데, 그날따라 유독 운동화를 신은 사람들이 눈에 띄었던 것이다. 한 사람, 두 사람, 세 사람……. 그들은 운동화를 신고도 별 무리 없이 산행을 즐기고 있었다. 오히려 투박한 등산화를 신은 이들보다 발걸음이 훨씬 가볍고 경쾌해 보였다. 그 순간, 나는 무릎을 쳤다.

'등산화도 저 운동화처럼 가볍게 만들 수는 없을까?'

보통 등산화의 무게는 적게는 600그램에서 많게는 1,400그램까지 나간다. 험한 산길을 걷기 위해서는 딱딱하고 견고한, 그래서 무거울 수밖에 없는 등산화가 적합하다는 것이 오랜 통념이었다. 그런데 그날 섬유 재질의 운동화를 신고 경쾌하게 산을 오르는 등산객들을 보면서, 산행을 할 때 공기도 잘 통하지 않고 무거운 등산화를 신는 것이 과연 정답일까 하는 생각이 들었다. 사람이 걸을 때 발은 골고루 하중을 받고, 무게 중심은 매순간 뒤에서 앞으로 이동한다. 이 무게를 고루 분배할 수 있어야 좋은 신발이다. 그렇다면 무겁고 딱딱한 등산화만이 능사가 아니라는 생각이 들었다.

## 생각의 틀을 깨다

왜 등산화는 무겁고 단단해야만 하는 걸까? 그것은 산이라는 험한 환경 때문이다. 산행 도중에는 울퉁불퉁한 길을 지나야 하고 암벽 위를 걸어야 한다. 길이 평탄하지 않기 때문에 발목도 보호해야 하고, 수풀과 바위에 긁혀 신발이 쉬 해지는 일이 없도록 해야 한다. 그래서 등산화는 내구성이라는 화두에 천착하여 '더 단단하고 더 튼튼하게' 진화해왔다. 물론 재료가 두꺼워지면 무게 역시 늘어날 수밖에 없다.

등산화에 대한 의존도가 일반인에 비해 훨씬 높은 전문 산악인들도 등산화는 단단해야 한다는 생각에서 크게 벗어나지 못했다. 그들은 중세의 전사가 철갑옷으로 무장을 하듯 단단하고 견고한(그래서 다소 무거운) 등산화를 착용했을 때 일종의 안도감을 느꼈을지도 모른다. 때문에 전문 산악인의 비율이 높은 유럽이나 일본에서는 등산화를 만들 때 어김없이 내구성에 기반을 두었고, 일반 소비층 역시 등산화를 고르는 기준을 견고함에 두었다. 이런 이유로 세계 굴지의 등산화 생산 업체들도 가벼운 등산화를 만들려고 시도하지 않았다.

등산화가 가벼우면 안 되는 걸까? 나는 등산화가 튼튼해야 한다는 것에는 동의하지만 무겁고 딱딱해야 한다는 것에는 동의할 수 없었다.

"바로 이거야!"

나는 뛸 듯이 기뻤다. 내가 그토록 찾아 헤맸던 트렉스타의 신제품은 의외로 가까운 곳에 해답이 있었다. 가볍고 경쾌한 발걸음으로 산을 오르는 사람들이 신은 운동화처럼 가벼운 등산화를 만드는 것이다! 등산화라면 으레 통가죽으로 발목까지 덮어야 한다는 고정관념을 깨고 싶었다. 다음 날 나는 출근하자마자 개발팀으로 달려가 큰 소리로 외쳤다.

"이제부터 세계에서 가장 가벼운 등산화를 만드는 기다! 그게 우리 토종 브랜드 트렉스타의 전략 상품이대이!"

하지만 개발팀원들은 나를 이상한 눈길로 쳐다보았다.

"그기 대체 무슨 소립니꺼?"

팀원들은 내가 전략 상품에 너무 열중한 나머지 헛소리를 하는 것으로 여겼다. 개발팀원들 역시 등산화는 무겁고 딱딱해야 한다는 고정관념에 사로잡혀 있었던 것이다.

이제 목표는 분명해졌다. 세계에서 가장 가벼우면서도 모든 기능을 잘 갖춘 튼튼한 등산화를 만드는 것! 등산화가 이 세상에 나온지 반세기가 훨씬 지났지만 어느 누구도 등산화를 가볍게 만들어야 한다는 생각을 하지 못하고 있었다. 그걸 우리가 시도하는 것이다.

하지만 등산화를 어느 정도의 무게로 만들 것인지는 당장 답을 얻지 못했다. 당시 가장 가벼운 등산화가 600그램 정도였다. 따라서 대부분의 개발팀원들은 400~500그램 무게의 등산화를 염두에 두고 있었다.

## 불가능이란 오직 머릿속에만 있다

그러던 어느 날 점심 식사를 하러 구내식당에 들렀을 때였다. 조리실 입구에 놓여 있는 계란 한 판이 눈에 들어왔다. 나는 계란을 손에 쥐고 영양사를 불렀다.

"이 계란의 무게가 얼마나 됩니꺼?"

"한 70그램 정도 될 거라예."

나는 계란 판에서 계란을 더 꺼내들었다. 하나, 둘, 셋, 넷……. 모두 네 개를 꺼내 손 위에 올리고 조심스럽게 움켜쥐었다. 당시 운동화의 무게가 300그램 안팎이었다. 그 정도의 무게라면 세계에서 가장 가벼운 등산화가 되고도 남을 것이었다. 내가 원하는 초경량 등산화의 무게가 바로 그 계란에 담겨 있었다. 나는 즉시 계란 네 개를 들고 개발팀으로 향했다.

"잘 보거래이. 이 계란 네 개의 무게는 280그램이대이. 우리가 앞으로 만들 등산화는 이보다 10그램이 많고 300그램보다는 10그램이 적은 290그램이대이."

개발팀원들은 내 제안이 말도 안 된다는 듯 손사래를 쳤다.

"그럼 등산화를 계란 네 개의 무게에 맞추라는 겁니꺼?"

"그게 가능하겠습니꺼?"

"등산화가 무슨 실내홥니꺼?"

하지만 나도 물러서지 않았다.

"일단 해보는 기다! 기왕에 만들 거면 세계가 깜짝 놀랄 정도로 획기적인 무게가 되어야 하지 않겠나?"

솔직히 그때만 해도 내 제안은 억지나 다름없었다. 어떻게 등산화를 계란 네 개와 비슷한 무게로 만들 수 있을까. 하지만 나는 우리가 그동안 쌓아온 노하우에 직원들의 열의가 더해진다면 결코 불가능한 일이 아닐 거라고 믿었다.

등산화 하나를 만드는 공정에는 총 200여 개의 조각 부품이 들어가는 세부적인 과정과 이 과정들을 하나로 묶는 첨단과학이 담겨 있다. 이를 세분화해서 각 부품 공정마다 조금씩 무게를 줄여나가면 불가능해 보이는 목표에 도달할 수 있지 않을까? 나는 290그램의 초경량 등산화라는 목표를 정하고 밀어붙였다. 고맙게도 처음에는 당혹스러워하던 개발팀원들 역시 따라주었다.

사실 그것은 불가능에 가까운 도전이었다. 그러나 나는 기존의 것보다 조금 나은 것을 만들어놓고 만족하고 싶지는 않았다. 무게를 줄이고 또 줄여서 세계가 깜짝 놀랄 완벽한 등산화를 만들고 싶었다. 290그램의 초경량 무게에, 등산화의 모든 기능을 갖춘다면 우리의 신제품은 분명 세계 시장에서도 통할 것이다.


## 1그램 줄이기 프로젝트


애플은 세계에서 가장 혁신적인 기업으로 손꼽힌다. 혁신적인 기업답게 애플은 직원 교육에도 투자를 아끼지 않는다. 애플의 대표적인 직원 교육 프로그램으로 '애플 유니버시티'를 들 수 있다. 애플의 인재를 육성하는 사내 교육기관이자 사관학교다.

스티브 잡스는 직접 커리큘럼을 짜고 교수진을 손수 채용할 정도로 애플 유니버시티에 애착을 가졌다. 애플 유니버시티에서는 잡스가 가장 중요하게 여겼던 기업 가치인 책임정신, 디테일에 대한 추구, 단순성, 간편성 등과 관련된 프로그램을 교육한다. 스티브 잡스 사후에는 수많은 언론으로부터 '잡스의 공백을 애플 유니버시티가 메웠다'는 평가를 받기도 했다.

애플 유니버시티에 들어간 수강생들이 가장 먼저 접하는 커리큘럼은 단순화 과정이다. 그런데 이 커리큘럼에서 다루는 필수적인 주제 가운데 하나가 파블로 피카소의 '〈황소〉 연작'이다.

'〈황소〉 연작Bull Series'은 피카소가 1945년부터 이듬해까지 프랑스 파리에서 제작한 11장의 판화 작품을 일컫는다. 이 11개의 작품은 사실화에 가까운 처음의 황소 그림이 단계를 지나면서 점점 단순화되다가 11번째 작품에 이르러서는 몇 개의 선으로만 남는 과정을 보여주는데, 이는 스티브 잡스가 추구했던 디자인의 단순화 과정을 드러내는 일종의 모범 사례라 할 수 있다. 이 연작을 통해 피카소는 디테일을 단계적으로 생략해나가면서 극도로 정제된 본질만 남기는 기법을 보여주고 있다. 스티브 잡스는 이 연작을 표본으로 삼아 가장 간결한 형태로 메시지를 전달할 수 있을 때까지 제품 콘셉트와 디자인을 단순화해야 한다고 강조했다. 애플의 제품 디자인이나 광고 구성을 보면 '단순화'가 주는 편리성과 간결함을 느낄 수 있는데, 바로 〈황소〉 연작이 추구하는 것과 일맥상통한다.

세계에서 가장 가벼운 등산화를 개발하는 과정도 스티브 잡스가 추구했던 '단순화 과정'과 크게 다르지 않았다. 나는 등산화의 골격을 이루는 200여 개의 부품 가운데 불필요한 것을 최대한 줄여나가

기로 했다. 이른바 '1그램 줄이기 프로젝트'였다. 대한민국 토종 등산화 브랜드의 이미지와 우수성을 세계에 알릴 290그램 초경량 등산화를 만들어내기 위한 질주가 드디어 시작된 것이다.

과연 어떻게 1그램을 줄일 것인가! 무엇보다도 이 프로젝트를 성공시키기 위해서는 직원들의 기발한 아이디어가 관건이었다. 그래서 아이디어 개발을 개발팀 직원들에 한정하지 않고 전 사원으로 확대했다. 이를 위해 나는 직원들을 독려하는 차원에서 등산화 무게를 1그램 줄이는 아이디어를 제공하면 10만 원의 포상금을 주겠다고 약속했다. 당시 10만 원이라는 금액은 결코 적지 않은 돈이었다. 게다가 100그램을 줄이면 1,000만 원의 보너스를 챙길 수 있었다.

프로젝트가 시작되고 일주일이 지나면서 직원들로부터 갖가지 아이디어가 나오기 시작했다. 가장 먼저 기존 등산화가 반드시 채택했던 통가죽에서 과감히 탈피하기로 했다. 이에 앞서 천을 사용해 등산화의 무게를 줄이자는 아이디어가 나왔지만, 등산화의 기본 조건인 내구성과 방수가 문제였다. 이 문제를 해결하기 위해 가벼우면서도 방수 기능과 내구성이 뛰어난 고어텍스를 채택해 샘플을 만들고 1년 동안 수천 번의 방수 테스트를 거쳤다. 회사 바깥에서는 등산화를 만드는 데 왜 그리 비싼 재질을 쓰느냐고 비아냥거리기도 했지만, 결과는 대만족이었다. 이를 통해 무려 45그램의 무게를 줄일 수 있었다.

조금이라도 무게를 줄일 방안을 찾기 위해 애써 만든 샘플을 산산이 분해하는 일도 다반사였다. 한 직원은 신발 밑창과 안창 사이를 주목했다. 그 부분에는 경사가 심한 곳이나 바위를 디뎠을 때 발이 뒤틀리는 것을 방지해주는 소형 쇳조각이 들어간다. 이 쇳조각 없이 뒤틀림을 막을 수는 없을까? 오랜 연구 끝에 카본으로 만든 중창이 탄생했다. 여기서 다시 80그램이 줄어들었다.

## 290그램의 초경량 등산화가 태어나다

그러나 목표치인 290그램에 이르려면 아직 250그램을 더 줄여야 했다. 이때부터 나는 1그램 줄이는 포상금을 100만 원으로 올렸다. 한 달 만에 포상금이 열 배로 뛴 것이다. 당시 주임급 직원의 월급이 100만 원이었다. 1그램 줄이기 프로젝트에 가속도가 붙으면서 기발한 아이디어가 속속 등장했다. 이 프로젝트에서 가장 큰 성과를 올린 사람은 개발팀의 입사 1년차 신참이었다. 그는 발뒤꿈치 형태를 잡아주는 자재에 집중했는데, 상식을 뒤집는 답을 내놓아 10그램 감량을 달성함으로써 총 1,000만 원의 포상금을 지급받았다.

초경량 등산화를 향한 전사적인 노력은 새로운 기술과 자재 개발이 어우러지면서 갱신에 갱신을 거듭했다. 그러는 동안 서서히 290그램이라는 목표에 접근해갔다. 430그램 등산화인 '가이드'를 거쳐 드디어 초경량 등산화 '윙'을 놓고 최종 테스트에 들어갔다. 1998년

여름이었다.

지난 수년간의 땀과 열정이 저울 위에 올라가는 순간, 모든 직원들은 그 어느 때보다 긴장된 눈빛으로 저울의 눈금을 지켜보았다. 저울 위에 등산화를 올리자 빠른 속도로 바늘이 흔들렸다. 그리고 바늘은 정확히 290그램에서 멈추었다. 마침내 초경량 등산화가 탄생한 것이다. 직원들은 너나 할 것 없이 서로 얼싸안고 환호성을 터뜨렸다.


## 시장이 아니라 소비자에게 어필하라

하지만 초경량 등산화를 개발하기 위한 우리의 노력이 해피엔딩으로 이어지기까지는 시간이 필요했다. 경등산화에 대한 시장의 반응이 차가웠기 때문이다. 트렉스타 브랜드는 등산화가 아니라 운동화를 만드느냐는 비아냥거림도 들어야 했다.

방법은 한 가지뿐이었다. 소비자에게 직접 다가가는 것. 나는 우리가 개발한 경등산화를 가지고 유명 등산로로 찾아가 등산객들에게 직접 신어보게 했다. 등산로 입구에서 경등산화를 신게 한 뒤에 등산을 마치는 하산 길에 돌려받는 방식이었다. 모든 제품이 그렇듯 소비자가 만족해야 제품은 인정을 받을 수 있다. 마찬가지로 소비자가 만족스러워하는 제품이 시장에서 통하지 않을 리 없다. 그런데 등산을 마치고 돌아온 등산객들의 반응이 폭발적이었다. 그들은 하나같이 경등산화의 기능과 경쾌함에 놀라움을 감추지 못했다. 기존의 무겁고 딱딱한 등산화보다 더 잘 만들어졌다고 입을 모았다.

트렉스타의 경등산화 브랜드는 등산객을 중심으로 입소문이 나기 시작했다. 입소문은 서서히 전국으로 번져갔고, 곧 대박으로 이어졌다. 트렉스타의 국내 등산화 시장 점유율은 3년 만에 무려 65퍼센트로 치솟았다.

2000년대로 들어선 뒤 트렉스타의 경등산화는 세계 등산화 시장의 중심 이슈가 되었다. 등산화는 무겁고 딱딱해야 한다는 고정관념에 트렉스타의 경등산화가 새로운 패러다임을 제시하면서 판도를 확 바꿔버린 것이다. 이후 세계 등산화 시장의 추세는 가벼우면서도 튼튼한 경등산화가 대세로 자리 잡게 되었다. 초경량 등산화가 이룬 쾌거는 트렉스타의 기술력에 직원들의 땀과 노력이 더해져 만들어진 결과물이었다.

## 무모함의 미덕

# 인류의 오랜 숙원에
# 도전하다

"최 부장, 이거 한번 보거래이!"

디자인센터에 들어서자마자 나는 자그마한 자루를 테이블 위에 올려놓았다. 디자인센터는 우리 회사의 보고寶庫와 같은 곳이다. 이 안에서 트렉스타의 모든 신제품이 구상된다. 각 팀원들의 기발한 아이디어가 모여들고 이를 통해 혁신 제품이 태어나는 창의력의 산실이다.

"이번엔 또 뭡니꺼?"

최 부장은 내가 내민 자루를 받아들며 볼멘소리로 물었다. 그의 표정에는 당혹스러운 빛이 역력했다. 하긴 그럴 만도 했다. 틈만 나면 엉뚱한 것을 가지고 와서는 신제품에 적용해보라고 달달 볶아대니 최 부장의 얼굴이 일그러지는 것은 당연했다.

"이, 이게 뭐꼬? 거, 거미 아닙니꺼? 사장님예, 와 이걸 가지고 왔습니꺼?"

최 부장의 놀란 목소리가 디자인센터 안을 조용히 흔들었다. 뒤이어 거미를 본 여직원들의 소스라치는 비명이 들려왔다. 그랬다. 내가 가져온 자루 안에는 최 부장의 말대로 십여 마리의 거미가 들어 있었다. 지난 사흘 동안 인적이 끊긴 폐가를 찾아가 어렵게 채집한 것들이었다.

"대체 이 거미를 어디에 쓸라꼬예?"

"이번엔 틀림없대이. 이 거미가 우리 회사에 복댕이가 되어줄 기다."

"복댕이라고예? 그게 무신 소립니꺼?"

"이제부터 미끄러지지 않는 신발을 만드는 기다. 이 거미의 발처럼 말이다."

나는 거미를 테이블 한가운데에 올려놓고 팀원들을 빙 둘러보았다. 디자인센터에는 무거운 침묵이 흘렀다. 팀원들의 얼굴은 하나같이 차갑게 굳어 있었다.

"얼굴들 좀 펴그래이. 복댕이 앞에서 와 이리 오만상을 찌푸리고 있노?"

나는 그 어느 때보다도 자신만만했다. 거미의 발과 흡사한 신발, 이른바 '거미 신발'이 우리 회사의 최고 히트 상품이 될 것이라는 확신에 차 있었다.

1980년대부터 1990년대 초반, 한국의 신발산업은 최고의 전성기를 맞고 있었다. 당시 세계 신발산업의 메카로 불리던 부산에서는 500여 개에 달하는 신발공장이 엄청난 수출 물량을 소화해내느라 밤새 불야성을 이루었다. 부산 시내의 호텔은 세계 각국에서 모여든 바이어들로 북적거렸다. 부산의 신발업체들은 해마다 40억 달러가 넘는 수출 실적을 올렸고, 세계 신발 생산량의 70퍼센트를 차지하고 있었다. 그러나 1990년대 중반에 들어서면서 부산의 신발산업은 점점 사양길로 접어들었다. 날이 갈수록 도산하는 기업이 속출했고, 문을 닫는 업체가 셀 수 없을 정도였다. 어렵게 살아남은 기업들은 인건비가 저렴한 중국으로 공장을 옮겨갔다. 부산은 더 이상 세계 신발산업의 메카가 아니었다.

## 거미는 어떻게 벽을 타고 오르는가

부산의 신발산업뿐만 아니라 우리 회사 역시 죽느냐 사느냐 하는 기로에 서 있었다. 나는 획기적인 신제품을 개발하는 것만이 위기를 극복하는 길이라고 생각했다. 달리 뾰족한 방법이 없었다. 그것만이 신발산업의 메카라는 예전의 화려한 명성을 되찾고 우리 회사가 사는 길이었다. 그래서 틈만 나면 신제품을 구상하고 아이디어를 짜내는 데 골몰했다. 화장실 안에서도, 비행기 안에서도, 심지어 꿈

속에서도 새로운 구상에 매달렸다. 그 무렵 마치 하늘이 내린 계시처럼 기발한 아이디어가 떠올랐다. 그것이 바로 거미의 발에 착안한 '거미 신발'이었다.

그로부터 얼마 전 나는 도쿄 출장길에 뜻밖의 조각상을 목격했다. 그것은 도쿄 미술관 앞에 설치된 거대한 거미 조각상으로, 높이가 무려 8미터에 이르렀다. 이 거대한 조각상의 이름은 '마망'으로, 프랑스의 여류 조각가인 루이스 부르주아의 작품이었다. 이 거대한 거미 조각상을 본 순간 발끝에서 짜릿한 전류가 흘렀다.

'거미는 어떻게 벽을 타고 오르는가? 스파이더맨처럼 벽에 착 달라붙는 신발을 만들 수는 없을까?'

그런 생각이 든 순간, 나는 흥분을 주체하지 못하고 어린아이처럼 펄쩍펄쩍 뛰었다. 내가 학수고대하며 찾고 있던 것이 바로 거기에 있었다.

영화 속의 스파이더맨은 자유자재로 벽을 타고 오른다. 거미에서 스파이더맨이 나왔듯이 나는 거미 조각상을 보며 거미 신발을 떠올린 것이다. 거미의 발처럼 벽에서도 미끄러지지 않는 신발을 만들면 등산객이 암벽을 오르는 데 한결 수월할 것이 아닌가. 그뿐만이 아니었다. 제대로 만들어내기만 한다면 거미 신발의 활용도는 무궁무진했다.

그러나 디자인센터 팀원들의 반응은 영 떨떠름했다.

"사장님예, 이게 가능하겠습니꺼? 지난번처럼 또 허탕 치는 건 아닙니꺼?"

그들은 아직도 '거위 물갈퀴 사건'을 잊지 못하고 있었다. 그 일은 나 역시 다시는 떠올리고 싶지 않은 악몽이다.

1997년 가을, 나는 다소 엉뚱하고 엽기적인 상상에 골몰해 있었다. 이 세상 모든 것을 신발과 연관시킬 정도로 단단히 미쳐 있었던 나는 연못 앞을 지나가다가 우연히 물 위를 헤엄치는 거위 한 마리를 발견했다.

'거위는 어떻게 물 위를 걷는 것일까?'

나는 거위 물갈퀴에 주목했다. 백조나 거위는 수면 아래서 엄청나게 빠른 속도로 발을 놀려 물 위를 떠다닌다. 저 거위의 물갈퀴에 착안하여 신제품을 만드는 데 접목시킬 수는 없을까? 그래서 당장 거위 한 마리를 가지고 디자인센터로 들어섰다.

"이제부터 물 위에 둥둥 뜨는 신발을 만드는 기다! 이 신발에 우리 회사의 미래가 달려 있대이!"


## 물 위를 걷는 신발


하늘을 날고 물 위를 걷는 것은 인류의 오랜 숙원이다. 그러나 어느 누구도 '물 위에 뜨는 신발'을 만들어내지는 못했다. 아니, 어쩌면 아직 시도조차 하지 않았을지도 모른다. 나는 21세기의 첨단과학과 십수 년 동안 신발산업에 투신한 우리의 노하우를 접목시키면 이 같은 신발을 만들어내는 것이 결코 허튼 상상이 아니라고 여겼다. 무엇보다 아무도 시도하지 않는 제품, 전인미답의 신세계에 도전하고 싶은 열망이 컸다. 물 위에 뜨는 신발을 세계 시장에 선보이면 우리 회사의 지명도는 전 세계적으로 높아질 것이다. 만들어내기만 한다면 신발업계의 혁명이 될 것이라고 믿어 의심치 않았다.

나는 거위 물갈퀴에서 힌트를 얻어 인류의 숙원에 도전했다. 곧이어 개발 전담팀이 꾸려지고 거위의 물갈퀴에 착안한 신발 개발에 들어갔다. 그로부터 8개월 후, 물 위에 뜨는 신발의 개발 진척도는 디자인센터 팀원들의 열성 덕분에 50퍼센트가량 진행되었다. 그런데 예기치 않은 비보가 마케팅팀에서 흘러나왔다. 이 신발은 시장성이 없을 뿐만 아니라 경제성 측면 역시 제로에 가깝다는 것이었다. 나의 기대와는 전혀 다른 보고였다.

"사장님예, 아무도 이 신발을 거들떠보지 않심니더."

어느 매장에서도 우리가 개발하고자 하는 신제품에 관심을 보이지 않았다. 맥이 탁 풀렸다. 마케팅팀의 보고를 접한 후 나는 깊은 고민에 빠졌다. 어떻게 해야 할지 판단이 서지 않았다. 그동안 투자한 개발비만 해도 어마어마했다. 하지만 물에 뜨는 신발의 완성품이 나오기까지는 지금까지 들어간 개발비의 두세 배는 더 들어가야 했다. 이래저래 출구가 보이지 않았다. 결국 나는 물 위에 뜨는 신발을 만들겠다는 계획을 접었다. 인류의 오랜 숙원을 이루겠다는 꿈은 다음 기회로 미루었다.

그날 나는 개발팀원들과 함께 새벽녘까지 술을 많이 마셨다. 팀원들 모두 어깨가 처지고 힘이 없었다. 나 역시 마찬가지였다. 그렇다고 해서 나마저 풀이 죽어 있을 수는 없었다. 우선은 개발팀원들을 다독이는 것이 급선무였다. 하지만 그 어떤 위로나 격려도 그들의 허탈함을 달래줄 수가 없었다. 완성품도 만들어내지 못하고 중도에 접어야 하는 그 마음이야 오죽 답답하고 허전할까.

새벽 두 시 무렵, 술집을 나오는데 등 뒤에서 푸념 섞인 목소리가 들려왔다.

"사장님예, 앞으로는 제발 그런 엉뚱한 발상 좀 하지 마이소."


## 무르익어가는 꿈


거미 신발은 미래의 전략 상품으로 손색이 없다고 생각했다. 물 위에 뜨는 신발과는 확연히 달랐다. 그런 착오는 한 번이면 족했다. 나는 거미 신발 개발에 들어가기 전에 이미 시장성을 면밀히 조사했다. 물론 이 신발의 주요 구매층은 암벽 등반가였다. 당시 암벽 등반을 즐기는 사람들의 수가 매년 증가세를 보이고 있었다. 거미 신발이 출시되면 암벽 등반가에게는 분신과도 같은 존재가 될 것이었다. 어디 그뿐인가. 고층 빌딩이나 선박에서 일하는 노동자에게도 반드시 필요한 신발이 될 것이다. 확실한 구매층이 있고, 경제성 측면에서도 충분히 통하리라 자신했다. 이 신발이 출시되면 대박을 터뜨릴 것은 불을 보듯 빤한 일이었다.

"이번엔 정말 대박 한번 치겠심더."

마케팅팀에서도 반가운 소식이 날아왔다. 한 매장에서 선주문을 할 수 없는지 타진해왔다는 희소식이었다.

"미국과 일본에서도 이 신발에 큰 관심을 보인다고 합니더."

거미 신발에 관심을 보이는 곳은 우리나라뿐만이 아니었다. 세계 각국의 등산화업체에서도 우리 회사의 동향을 예의 주시하고 있었다. 나는 마음속으로 독일 뮌헨에서 열릴 예정인 신발박람회를 염두에 두고 있었다. 세계 유수의 업체들이 부산의 작은 신발업체가 보이는 행보에 주목하다니, 상상만 해도 뿌듯해지고 온몸이 자지러지는 것 같았다. 그래서인지 개발팀의 열기도 뜨거웠다. 팀원들은 낮밤을 가리지 않고 신제품 개발에 몰두했다.


## 아, 신창원

'거미 신발의 정식 명칭을 공모합니다!'

나는 우리 회사 직원들을 대상으로 거미 신발의 명칭을 공모한다고 발표했다. 신발 명칭에 선정된 당선자에게는 3박 4일의 휴가와 포상금을 지급하기로 했다.

곧이어 신제품에 붙게 될 여러 이름이 올라왔다. 공모 명칭 중에서 가장 많은 것이 '스파이더 슈즈'였다. 거미에 착안한 이름이었다. 다음으로 많은 것이 '클라이밍 슈즈'였다. 어느 누군가는 이 신발이 벽에 착 달라붙으니 '본드 슈즈'라고 하자는 의견을 내기도 했다. 수십여 개에 이르는 명칭을 보면서 나는 부푼 꿈에 젖어 있었다. 문득 TV에서 본 광고 카피가 떠올랐다.

'고생 끝, 행복 시작.'

이제야 비로소 '엽기적'이라고 손가락질 당하던 나의 기발한 발상이 빛을 보는 것인가.

그런데 거미 신발 개발이 90퍼센트 공정률을 보일 무렵 전혀 예기치 않은 소식이 날아들었다. 내가 자루에 거미를 담고 디자인센터에 들어간 지 1년 2개월 만이었다.

"사장님예, 큰일 났심더. 신창원이, 신창원이 검거됐다고 합니더."

1999년 7월이었다. 개발팀의 최 부장이 출근하자마자 나를 찾아왔다. 최 부장의 얼굴은 어둡고 침통해 보였다. 그는 조심스럽게 내 앞에 조간신문을 내밀었다. 전대미문의 탈옥수인 신창원이 탈옥한 지 2년 6개월 만에 검거되었다는 기사가 대문짝만하게 실려 있었다.

"와 이리 호들갑이고?"

나는 영문을 몰라 고개를 갸웃거렸다. 신창원이 검거된 것이 우리 회사랑 무슨 상관이란 말인가. 2년 전 신창원이 탈옥한 곳은 다름 아닌 부산 교도소였다. 그래서 부산 시민들은 신창원의 탈옥 소식을 예민하게 받아들일 수밖에 없었다. 당시 신문과 방송은 연일 신창원 사건을 주요 뉴스로 다루고 있었다. 검거 당시 신창원이 입고 있던 옷도 덩달아 화제에 오를 정도였다. 그렇다고는 해도 우리 회사와는 전혀 무관한 일이었다.

"이것 좀 보이소."

최 부장이 탁자 위에 있는 신문을 가리켰다. 최 부장이 손가락으로 가리킨 곳에는 다음과 같은 제목이 큼지막하게 새겨져 있었다.

'탈옥수 신창원, 아파트 벽 가스 배관 타고 베란다 안을 자유롭게 드나들어'

'스파이더맨의 부활, 가스 배관 타고 아파트에 잠입'

그 기사를 본 순간 가슴이 덜컥 내려앉았다. 나는 그 기사가 무엇을 뜻하는지 금방 알아차렸다. 나뿐만이 아니었다. 지난 1년 넘게 거미 신발에 매달렸던 개발팀 직원들도 마찬가지였다.

"행여 거미 신발이 출시됐다가 신창원처럼 아파트에 침입하는데……."

최 부장은 차마 말을 잇지 못했다. 자칫하다가는 거미 신발이 범죄에 악용될 것이라는 소리였다.

"그런 소리 말그래이. 어디 구더기 무서워서 장 못 담그나?"

마케팅팀의 안 팀장이 최 부장의 말에 제동을 걸었다. 신창원 사건과 거미 신발을 연관시키는 것은 기우에 불과하다는 뜻이었다.

# 선택의 기로에 서서

전혀 예상치 못한 일이었다. 거미 신발과 신창원 사건이 이상하게 엮이고 있었다. 늦어도 다음 달이면 거미 신발이 출시될 예정이었다. 개발팀에서는 마지막으로 신발 밑창의 접착 효과를 테스트하는 중이었다.

이틀 후 나는 임원진과 함께 대책회의를 가졌다. 임원진의 의견은 둘로 나뉘었다. 한쪽은 여론이 좋지 않으니 거미 신발의 개발을 보류하자고 했다. 또 다른 쪽은 거미 신발의 개발을 강행하자고 주장했다. 공연히 사회적인 이슈에 휩쓸려 신제품 개발을 중단해서는 안 된다는 의견이었다.

개발 포기냐, 그대로 밀어붙이느냐! 문득 폐가를 찾아다니며 거미를 채집하던 때가 떠올랐다. 틀림없이 거미 신발이 세상에 나온다면 공전의 히트를 칠 것이라고 확신했다. 그리고 온갖 우여곡절 끝에 이 신발은 완성을 코앞에 두고 있었다. 그런데 뜻밖의 암초에 부딪치고 말았다. 신창원 사건이 이 신발의 운명을 좌우하리라고 어떻게 상상이나 할 수 있었겠는가. 나는 결단을 내리지 못하고 뜸을 들였다. 쉽게 결정할 수 있는 일이 아니었다. 개발을 포기하자니 눈앞의 보물단지가 한 순간에 사라지는 것만 같았다. 그렇다고 무작정 개발을 이어갈 수도 없는 노릇이었다.

그로부터 사흘 후, 또다시 뜻밖의 사건이 터졌다. 이른바 '신창원

모방 사건'이었다.

희대의 탈옥수 신창원이 검거된 후 이를 모방한 사건이 전국 각지에서 벌어지고 있다. 아파트 가스 배관을 타고 올라가 베란다 안으로 침입하는 사건이 전국 도처에서 발생하고 있는 것이다…….

그 기사를 보자마자 나는 주저 없이 거미 신발의 개발을 포기했다. 이 신발을 개발하는 데 1년이 넘는 시간과 적지 않은 투자비가 소모되었지만, 이를 포기하는 결정은 단 하루면 충분했다.

"지금 이 순간부터 거미 신발은 포기한대이. 아무리 좋은 신발이라고 해도 범죄에 악용될 소지가 있으면 소용이 없는 기라."

그렇게 말하고 디자인센터를 나서는데 두 다리에 힘이 쭉 빠졌다. 무엇보다 개발팀원들에게 가장 미안했다. 나는 그들이 지난 1년 동안 얼마나 많은 노력과 열정을 쏟았는지 잘 알고 있었다.

거미 신발을 포기한 후 나는 한 달 동안이나 제대로 잠을 이루지 못했다. 눈을 감으면 거미 신발의 환영이 공중에 붕붕 떠다녔다. 그만큼 나는 이 신발에 애정을 가지고 있었다. 그 후 내가 다시 몸을 추스르기까지는 꽤 오랜 시간이 필요했다.

# 기업의 공익성, 거미 신발이 남긴 유산

내가 뜻했던 신발들이 모두 이 세상의 빛을 본 것은 아니다. 물 위에 뜨는 신발의 사례에서 보듯이 성공한 신발보다 실패한 신발이 열배 이상 많다. 아이디어는 신선하고 기발하나 기술의 벽을 넘지 못하는 경우도 허다하다. 지금까지 겪은 시행착오가 너무도 많아 셀 수 없을 정도다. 아마도 개발 도중에 폐기 처분한 신발을 쌓으면 작은 언덕쯤은 가뿐히 덮지 않을까 싶다. 거기에 투자한 개발 비용만 해도 엄청났다. 우리가 편히 신고 다니는 신발은 실로 무수한 땀과 노력의 결과물이다. 하나의 완제품이 나오기까지 수많은 사람들의 손을 거쳐야 한다. 그것이 어디 신발뿐이겠는가.

토머스 에디슨은 세계에서 가장 많은 발명품을 만들어냈다. 그가 발명품 특허를 낸 것만 해도 1,093개에 이른다. 그는 죽기 직전까지도 새로운 발명품을 구상하느라 실험실에서 밤을 지새웠다.

에디슨이 67살 때의 일이다. 그는 필생의 역작을 남기기 위해 마지막 정열을 불태우고 있었다. 그러던 어느 날 그의 실험실에 화재가 발생했다. 하룻밤의 화재는 그가 쌓아온 필생의 과업을 온통 잿더미로 만들어버렸다. 그러나 그는 폐허가 된 실험실을 바라보며 이렇게 말했다.

"하나님, 제가 다시 시작할 수 있게 해주셔서 정말 감사합니다."

화재가 난 지 3주 뒤 에디슨은 세계 최초의 축음기를 세상에 내놓았다. 그 어떤 재앙도 그의 열정을 굴복시키지 못했다. 에디슨은 결코 실패를 두려워하지 않았다. 오히려 재앙과 실패를 겪을 때마다 굳건히 일어나 보란 듯이 새로운 발명품을 세상에 선보였다.

감히 인류의 역사에 큰 족적을 남긴 발명가인 에디슨에 비할 바는 아니지만, 나 역시 실패를 두려워한 적이 없다. 실패를 두려워하는 자는 아무것도 할 수 없다는 것이 평소 나의 지론이다. 단 10퍼센트의 확신만 있다면 불가능한 일에 도전해야 한다. 또한 실패했다고 해서 좌절하거나 또 다른 신제품을 개발하는 데 주저해서는 안 된다. 나는 지금까지 숱한 실패를 통해 많은 교훈을 얻었고, 이는 내 삶의 질 좋은 자양분이 되었다. 그런 실패의 교훈이 현재의 나를 만들었다. 물 위에 뜨는 신발 같은 수많은 실패와 착오가 훗날 내게 큰 디딤돌이 되어준 것이다. 사실 우리 회사의 야심작으로 기대했던 거미 신발도 마찬가지였다.

지금 생각해도 거미 신발을 포기한 것은 아쉬움이 남는다. 솔직히 그 신발에 미련이 없다면 거짓이다. 모든 신제품 개발이 그러하듯이 거기에 쏟은 열정은 상상을 초월한다. 당시 개발팀원들은 날밤을 꼬박 지새웠다. 50퍼센트 이상의 공정률을 보였을 때는 일주일에 한두 번밖에 집에 들어가지 못했다. 그래서 디자인센터 안에는 늘 간이침대가 놓여 있었다. 간이침대를 자주 이용할수록 신제품 개발은 앞당겨지는 것이었다.

"그때 거미 신발을 포기한 것은 정말 잘한 결정입니다."

요즘 와서도 개발팀원들은 농담조로 종종 그런 소리를 한다. 특히 가스 배관을 타고 가택에 침입한 범죄자의 뉴스가 나올 때는 어김없이 그 이야기를 입에 올린다. 나 역시 그런 뉴스를 접할 때면 등골이 서늘해지곤 한다.

　거미 신발은 내게 뼈아픈 실패만을 안겨준 것이 아니었다. 그때까지 내가 미처 깨닫지 못한 교훈을 주었는데, 그것은 바로 사회에 대한 기업의 공익성이다. 그 이전까지 나는 신제품을 개발하는 데만 열을 올렸지 기업의 공익성에 대해서는 크게 생각하지 못했다. 그러나 그때 그 사건을 겪으면서 우리 사회를 좀 더 진지하고 따뜻한 시선으로 바라보게 되었다. 기업이 이익을 창출하는 집단이라고는 하지만, 공익성을 먼저 생각하지 않고서는 참된 기업이라고 할 수 없다. 훗날 내가 산악인을 위한 장학재단을 만든 것도, 네팔에 물질적인 지원을 하는 것도 거미 신발을 포기하면서 얻은 교훈이 밑바탕이 되었다. 나는 비록 열정의 산물을 잃었지만, 우리 사회에서 기업이 나아가야 할 지침과 방향을 얻었다. 잃는 것이 있으면 얻는 것도 있는 법이다. 우리가 쏟은 열정과 노력은 어떤 형태로든 보상이 주어진다.

　'노력과 땀은 배신하지 않는다.'

　나는 지금도 이 같은 평범한 진리를 믿고 있다.

# 안정보다
# 모험을 택하다

우리 회사만의 자체 브랜드를 갖는 것, 그것은 내 오랜 꿈이자 숙원이었다.

1981년 신발 생산업체인 (주)세원에 입사한 이후 나는 줄곧 해외 영업 파트에서 일을 해왔다. 7년여의 직장 생활 동안 세계 유명 신발업체들의 바이어들을 상대했으며, 일 년의 절반 정도는 해외에서 보냈다. 당시 부산에는 500여 개의 신발업체가 세계 신발 생산물량의 70퍼센트를 장악하고 있었다. 그러나 이 수많은 신발업체 가운데 자체 브랜드를 가지고 있는 업체는 1퍼센트도 채 되지 않았다. 나이키, 아디다스, 퓨마, 아식스 등 세계 시장을 주름잡는 뛰어난 신발이 부산 노동자들의 손으로 만들어졌지만, 브랜드의 명성은 그들의 것이 아니었다. 나는 신발업계에 몸담고 있으면서 늘 이런 질문이 머릿속을 떠나지 않았다.

'왜 우리에게는 세계에 내세울 만한 토종 브랜드가 없는 걸까?'

1980년대의 국내 신발산업은 대부분 주문자생산방식(OEM)에 의존하고 있었다. OEM은 일정한 수익을 안정적으로 보장받을 수 있는 매우 안전한 방식이지만, 한편으로는 하청기업과 다름없어서 제품을 만드는 데 있어 마음대로 할 수 있는 것이 아무것도 없었다. 주문자로부터 위탁받은 상품을 생산해 주문자의 브랜드를 붙이는 방식은 아무런 결정권을 갖지 못했다. 빼어난 기술로 좋은 상품을 만들어도 마음대로 판매할 수가 없었다. OEM 기업에는 분명한 한계가 있었던 것이다.

1988년 8월, 내가 해외 바이어로부터 자금을 지원 받아 창업한 성호실업도 마찬가지였다. 성호실업 역시 여느 부산의 신발업체와 마찬가지로 100퍼센트 OEM을 택하고 있었다. 주문자의 위탁을 받아 신발을 만들고 거기에 대한 대가를 충분히 누리고 있었지만 내 가슴은 늘 토종 브랜드에 대한 열망으로 가득했다. 무엇보다 우리의 고유 브랜드로, 우리의 기술로 만든 신발을 세계 시장에 선보이고 싶었다. 그런데 그런 기회가 전혀 예기치 않은 때에 찾아왔다.

1990년대 초반 국내 신발업계에 칼바람이 불어 닥쳤다. 외국의 유명 기업들이 국내의 인건비 상승으로 인해 원가경쟁력이 떨어지자 노동자의 임금이 싼 태국과 필리핀 등 동남아 국가로 하청 생산공장을 옮기고 있었다. 이에 따라 OEM에 의존했던 수많은 신발업체들이 줄줄이 도산하는 사태가 벌어졌다. 성호실업도 예외가 아니었다. 인라인스케이트 사업이 자리를 잡을 즈음, 나에게도 위기가 닥쳐왔다.

"사장님예, 암만 해도 K2가 뭔가 꿍꿍이가 있는 것 같심더."

마케팅을 담당하고 있는 조 부장이 K2의 동향을 전해주었다. 당시 성호실업은 미국에 본사를 두고 있는 세계적인 인라인스케이트 업체 K2에 인라인스케이트를 OEM으로 납품하고 있었다.

"꿍꿍이라니, 그게 무슨 소리고?"

"새로운 하청업체를 찾으려고 여기저기 수소문하고 있다는 소문이 들려옵니더."

나 역시 K2의 움직임을 예의 주시하고 있었다. 최근 들어 주문량이 현저히 떨어지고 있었다. 이는 K2가 인건비가 싼 다른 하청업체를 염두에 두고 있다는 의미였다.

## 위기 속에 숨겨진 기회

드디어 내게도 올 것이 오고야 말았다. 나는 K2가 다른 하청업체를 물색하고 있다는 소리를 듣고 무척 당혹스럽고 낙담이 컸다. 하루아침에 성호실업이 쥐도 새도 모르게 공중분해 될지도 모른다는 불안감이 엄습해왔다.

한때 우리나라는 자타가 공인하는 세계 최대의 신발 수출국이었다. 그러나 신발왕국의 꿈이 무너진 것은 한 순간이었다. 그 이유는 간단했다. 기술력에서는 세계 최고였지만 제대로 된 자체 브랜드가 없었다. 세계 기업의 하청 생산 업체로서 노동력 하나만으로 버티기에는 한계가 있었다. OEM이라는 것은 주문 업체에게 모든 결정권이 있었다.

그 무렵 부산의 신발업계는 줄도산 사태가 빚어지고 있었다. 일주일에 서너 개의 기업이 맥없이 쓰러져갔다. 파리 목숨이 따로 없었다. 지난달에도 멀쩡하게 잘 돌아갔던 기업이 한 순간에 문을 닫았다. OEM 생산에만 전념했던 업체들이 외국 기업이 생산공장을 동남아로 옮기자 주문량을 잃어 문을 닫은 것이었다. 한 달 새에 갑자기 쓰러진 그 업체는 부산에서 꽤 유명했던 터라 나로서도 충격이 매우 컸다. 나는 그들의 전철을 밟을 수가 없었다. 지금이야 그런대로 OEM 생산 업체로 버티고 있지만, 언제 주문 업체가 등을 돌릴지 알 수 없었다. 그들에게 기업 파트너의 윤리를 기대할 수는 없었다. 그들은 그저 싼 인건비를 찾아 수익을 올리는 데만 열을 올렸다. 그것은 누구를 탓할 수 없는 기업의 생리였다.

지금 이 순간, 생존을 위한 유일한 길은 무엇인가!

나는 오랜 고민 끝에 결론을 내렸다. 길은 오직 하나, 자체 브랜드를 만드는 것이었다. 나는 OEM이라는 안정보다 자체 브랜드라는 모험을 택하기로 했다. 내 마음속에 늘 담아두었던 토종 브랜드를 만들겠다는 꿈을 펼치기로 한 것이다. 내가 일군 기업임에도 불구하고 어느 하나 마음대로 할 수 없는 현실도 싫었다. 그러나 자체 브랜드를 갖는다는 것은 결코 쉽지 않은 일이었다. OEM 생산 업체는 해외 기업의 주문에만 전념하는 것이 신발업계의 오랜 관행이었기 때문이다. 만약 주문처에서 우리가 자체 브랜드를 개발한다는 사실을 알면 당장 주문을 끊을지도 모르는 상황이었다. 자체 브랜드를 통해 독자적인 힘을 키우기까지는 OEM에 의존할 수밖에 없었다.

나는 핵심 간부 사원들을 모아놓고 내 속마음을 전했다. 우리만의 토종 브랜드를 만들자고 제의했다.

"너무 빠릅니더. 좀 더 신중히 생각하는 게 좋겠심더."

"그래예. 자체 브랜드를 만들겠다고 하면 K2가 어디 가만 있겠습니꺼?"

직원들은 모험보다는 안전을 원했다. OEM으로도 충분히 먹고살 만한데, 굳이 자체 브랜드를 만드는 모험을 감행할 필요가 있냐는 것이었다.

"모르는 소리 말거래이. 언제까지 그들에게 끌려 다닐 수만은 없대이."

하지만 직원들의 반대가 만만치 않았다.

"아직 우리에겐 자체 브랜드를 만들 만한 기술이나 디자인이 없지 않심니꺼?"

직원들의 반대에 부딪혀 낙담이 컸지만, 나는 뜻을 굽히지 않았다. 자체 브랜드라는 모험과 도전만이 우리의 미래를 보장할 유일한 길이었다.

"그러니까 지금부터라도 차분하게 준비해야 하는 거 아니겠나. 우리도 해보자 마. 우리만의 토종 브랜드를 갖자 말이다."

내 뜻에 감화되었던 걸까. 쌍심지를 돋우던 간부 직원들도 숙연한 표정을 지었다. 그렇게 몇 분의 시간이 흐르자, 다들 약속이나 한 듯 고개를 끄덕였다.

토종 브랜드를 갖고자 하는 내 꿈은 그렇게 서서히 싹이 트고 있었다. 나는 자체 브랜드를 만들어 특수화 분야를 집중 공략하면 충분히 세계 시장에서 통할 것이라는 확신을 갖고 있었다.


## 회사의 사활을 건 결정

자체 브랜드를 만들기로 한 것은 회사의 운명을 건 결정이었다. 지금까지 일구어온 회사를 한 순간에 잃을 수도 있는 위험한 도박이었다. 하지만 나는 이렇게 생각했다. OEM이 손님이라면 자체 브랜드는 자식이다, 어느 누가 자식보다 손님을 애지중지 보살피겠는가, 손님은 금방 떠날 존재지만 자식은 평생을 두고 함께 가야 할 피붙이다.

자체 브랜드를 갖기 위해 헤쳐 나가야 할 장애물은 크게 두 가지였다. 첫 번째는 주문 업체인 K2의 반대, 두 번째는 자체 브랜드를 성공시킬 수 있는 기술력과 상품을 갖추는 것. 나는 이 두 가지 숙제를 차분하게 풀어나가기로 했다. 토종 브랜드의 출범 시기는 내년이나 내후년으로 잡았다. 1~2년 안에 자체 브랜드의 독자 상품을 개발하는 것을 당면 목표로 삼았다. 이 기간 동안에 상품을 개발하기 위한 기술과 디자인을 확보하는 것이 시급했다. 또한 K2의 반대에 대비해 이를 철저히 비밀에 붙였다.

나는 이 같은 사실을 몇몇 핵심 간부에게만 알리고 극비 프로젝트로 진행했다. 이른바 '토종 브랜드 개발 프로젝트'였다. 가장 먼저 기술개발팀과 디자인팀을 별도로 운영해 신상품 개발에 들어갔다. 물론 K2 관계자에게 발각되지 않도록 보안을 철저히 했다.

우선 토종 브랜드에 맞는 등산화 개발에 박차를 가하면서 기술개발팀과 디자인팀은 신제품 개발에 전력을 쏟았다. 이들이 주로 활동하는 시간은 일반 직원이 퇴근한 후부터였다. K2 관계자의 눈을 피하기 위해서였다. K2 관계자는 자신들이 전수해준 기술 노하우를 우리가 자체 브랜드 기술로 사용할까 싶어서 경계를 늦추지 않았다. 만약 신제품 개발을 위한 비밀 프로젝트가 그들에게 발각이라도 된다면 큰 낭패를 볼 수밖에 없었다. OEM 생산 업체는 철저히 주문자의 요구에 따라야 하기 때문이다. 그래서 K2 관계자가 자주 나타나는 낮 시간대에는 평소와 다름없이 업무를 진행했다.

프로젝트 개발팀은 늦은 밤이 되어서도 경계를 게을리 하지 않았다. 예고도 없이 K2 관계자가 나타날 것에 대비해 경비실과 개발팀의 작업실을 연결한 특수 벨까지 달았다. 그만큼 이번 프로젝트는 우리 회사의 사활이 걸린 문제였다.

## 극비 프로젝트

개발팀과 디자인팀은 밤과 낮이 따로 없었다. 낮에는 정상적인 회사 업무에 매달리고, 밤에는 자체 브랜드 상품을 개발하기 위해 땀을 쏟았다. 신상품 개발만이 자체 브랜드의 출범을 앞당길 수 있는 최선의 길이었다. 나 역시 그들과 함께 밤을 지새우며 신제품 개발에 몰두했다.

극비 프로젝트가 시작된 지 석 달 후, 이상한 낌새가 감지되었다. K2 관계자들이 낮밤을 가리지 않고 회사에 자주 들락거리기 시작한 것이다. 그들은 주로 개발실 주위를 기웃거리며 팀원들의 동태를 유심히 살폈다. 그럴 때면 개발팀 직원들은 재빨리 모든 개발 작업을 중지하고 아무 일도 없다는 듯 평소처럼 행동했다.

K2 관계자와 개발팀 직원들의 숨바꼭질은 한동안 계속되었다. 하지만 그들의 감시망 속에서도 우리의 토종 브랜드는 서서히 무르익어가고 있었다.

그러던 어느 날 새벽, K2 관계자가 예고도 없이 개발실에 들이닥

쳤다. 새벽 두 시였다. 이들은 경비실이 비어 있는 틈을 타 막무가내로 개발실을 급습한 것이었다.

야심한 새벽, 개발실을 꽉 채운 팀원들, 게다가 회사의 대표까지……. 변명의 여지가 없었다.

"여기서 뭣들 하는 겁니까?"

K2 관계자의 얼굴이 붉게 달아올랐다. 그는 어느새 개발실에 있는 신제품 설계도를 손에 쥐고 있었다. 결국 극비 프로젝트가 발각되고 만 것이다.

"미스터 권, 어서 말해보시오."

K2 관계자는 설계도면을 흔들면서 나를 압박했다.

"보다시피 별것 아니오."

나의 대답은 지금 생각해도 참 궁색했다.

"이건 신제품 설계도가 아니오? 이게 왜 성호실업 개발실에 있는 것이오?"

K2 관계자는 분이 풀리지 않는지 신제품 설계도면을 손에 쥐고 부들부들 떨고 있었다.

"그만 돌아가십시오."

겨우 감정을 추스린 나는 점잖게 말했다.

"어서 해명을 해보란 말이오."

K2 관계자는 쉽게 물러설 기세가 아니었다. 그렇다고 그 앞에서 주눅 들 필요는 없었다. 어차피 한 번은 부딪쳐야 할 일이었다.

"오늘 정오에 귀사의 사무실을 찾아가 모든 것을 말씀 드리겠소. 오늘은 이만 돌아가십시오."

나는 그렇게 말하고 K2 관계자를 돌려보냈다. 어차피 어느 정도 예상한 일이었다. K2 관계자 몰래 독자적으로 신제품을 개발하는 것은 애초에 불가능한 일이었다.

이대로 토종 브랜드를 접느냐, 아니면 새로운 길을 개척하느냐! 남아 있는 것은 둘 중 하나였다. 서서히 담판의 순간이 다가오고 있었다.


## 협상과 설득의 조건

어떤 협상이든 가장 좋은 결말은 협상 테이블에 앉은 모두가 만족할 수 있는 윈윈 게임을 끌어내는 것이다. 비즈니스 사회는 하루하루가 협상과 설득의 연속이라 해도 과언이 아니다. 설득력이란 내가 가고자 하는 방향으로 상대를 이끄는 기술을 일컫는다. 비즈니스는 바로 이 협상과 설득이 균형을 이루면서 돌아갈 때 성공적으로 이어질 수 있다.

내가 생각하는 설득의 첫째 조건은 중도에 포기하지 않고 몇 번이라도 수단과 방법을 바꿔가면서 끈질기게 설득 작업에 임하는 것이다. 다시 말해서 설득에 성공할 때까지 물고 늘어지라는 뜻이다.

물론 나는 하나도 내어주지 않으면서 취하기만 하겠다는 의도로 설득과 협상에 임해서는 안 된다. 적절히 내 것을 내어주어 상대방 역시 손해 보지 않는다는 계산이 서도록 해주어야 한다. 그러한 파상波狀 공세로써 자신의 입장을 충분히 전달하고 상대의 마음을 움직여야 한다.

비즈니스맨의 협상력에 따라 기업의 이익과 손실이 갈리고, 설득력에 따라 결말의 향방이 좌우된다. 경영에서 어려움에 처하거나 어떤 문제의 해결 실마리가 보이지 않을 때 협상과 설득은 더욱 두드러지게 힘을 발휘한다.

비즈니스맨이 실무 책임자와 직접 담판을 벌일 때는 여러 가지 공략법이 있어야 한다. 우선 협상에 임하기 전에 실무 책임자의 주변 환경이나 성격을 잘 읽어야 한다. 실무 책임자가 청렴결백 형인가, 호탕한 성격인가 등등 사전 지식이 없으면 협상에 임하기도 전에 뜻하지 않은 장애물을 만날 수 있다. 반대로 실무 책임자의 주변 환경을 잘 파악해 협상에 유연하게 대처한다면 상대에게 신뢰감을 줄 뿐만 아니라 소기의 목적을 달성할 수 있다.

K2 책임자의 사무실로 향하는 내 머릿속은 여러 가지 생각으로 소용돌이치고 있었다. 협상과 설득, 담판이라는 단어가 머릿속을 가득 채웠다. 과연 이 난관을 어떻게 극복할 수 있을까. 솔직히 신제품 설계도면이 K2 관계자에게 발각되었으니 입이 열 개라도 할 말이 없었다. 그러나 어떻게든 그를 설득해서 토종 브랜드의 꿈을 이루어야

했다. 그것이 회사가 사는 길이었다. 나는 고심 끝에 정공법을 택했다. 더 이상 속일 것도, 감출 것도 없었다.

## 마침내 트렉스타가 탄생하다

"이 신제품 설계도면이 어떻게 성호실업의 개발실에 있는 것인지 설명해보십시오."

사무실에 들어서자마자 K2 책임자가 물었다. 그의 목소리에서 기선을 제압하겠다는 의도가 느껴졌다. 잠시 숨을 크게 들이쉰 뒤 대답했다.

"이제부터 우리 회사는 자체 브랜드를 가지려고 합니다. 저희만의 독자 기술로 OEM 생산 업체에서 벗어나 우리 고유의 토종 브랜드 기업을 만들려고 합니다."

나는 조금도 주눅 들거나 저자세를 취하지 않고 당당하게 말했다. 그런 나의 태도에 K2 책임자가 오히려 당황하는 기색을 보였다. 아마도 그는 내가 허리를 굽실거리며 구구한 변명을 늘어놓으리라고 예상했을 것이다.

"그게 무슨 말입니까? 우리는 미스터 권의 회사에 우리가 주문한 상품을 만들어달라고 한 것이지 신제품을 개발해달라는 것이 아니었잖소."

"잘 알고 있습니다. 처음부터 우리의 뜻을 K2에 전하지 않은 것은 저의 불찰입니다. 그러나 K2와의 약속은 반드시 지킬 것임을 이 자리에서 다시 한 번 밝혀두겠습니다."

나는 정중하면서도 강한 어조로 설득에 나섰다.

"우리 회사는 오랜 기간 K2와 돈독한 신뢰관계를 유지해왔습니다. 우리 회사가 자체 브랜드를 갖는다고 해도 K2와의 관계에는 큰 변화가 없을 것입니다. 저는 여전히 K2를 좋은 사업 파트너라고 생각하고 있습니다. 앞으로 K2에는 어떠한 손실도 끼치지 않을 것이며, 2년여의 계약 기간 동안 주문량과 납기일 그리고 제품의 품질에 대해서는 더욱 엄격하게 관리할 것입니다."

나는 K2와 맺어온 오랜 유대관계, 토종 브랜드를 향한 내 개인의 열망과 숙원 등을 되도록 K2의 편에 서서 요목조목 따지며 자체 브랜드의 타당성을 설명했다. 또한 세계 최고의 신발산업 현장인 부산에서 우리 고유의 토종 브랜드로 승부를 걸어보고 싶다는 비전을 제시했다.

K2 책임자는 내가 하는 말에 조금씩 동화되어가는 듯했다. 사실 우리 회사는 K2와의 주문 약정 기간 동안 단 한 번도 납기일을 어긴 적이 없었다. 뿐만 아니라 품질 면에서도 세계 최고 수준으로 완벽에 가깝게 유지해왔다. 그들 역시 우리 회사의 실력을 잘 알고 있었고, 약속에 관한 한 무한 신뢰하고 있었다.

담판은 두 시간 가까이 계속되었다. 나는 K2 책임자의 사무실에 오기까지 준비한 모든 것을 조리 있게, 그리고 솔직하게 털어놓았다. 우리의 토종 브랜드가 태어난다면 결코 K2의 고마움을 잊지 않겠다는 말도 덧붙였다.

그날의 협상은 대성공이었다. K2 책임자는 우리의 자체 브랜드를 묵인하기로 했고, 나는 K2와의 계약 기간 동안 더욱 철저하게 품질 관리를 하겠다고 약속했다. 이와 같은 결정이 나오기까지 사무실 안에서는 고성 한 번 오가지 않았다. 그렇다고 서로 밀고 당기며 무언중에 실랑이를 벌인 것도 아니었다. K2 책임자와 나는 서로가 용납할 수 있는 선에서 윈윈 게임을 한 것이다. 마지막 순간에 K2 책임자와 악수를 할 때 나는 지금껏 겪어보지 못한 전율을 느꼈다. 아, 되었구나!

K2 사무실을 나서는 내 발걸음은 깃털처럼 가벼웠다. 예상 밖의 성과였다. 솔직히 나는 K2에서 여러 가지 까다로운 조건을 내세우리라고 예상했다. 자체 브랜드를 포기하지 않고 계속 이어가겠다면 OEM 업체를 당장 교체할 것이라고 엄포를 놓을 줄 알았다. 그러나 K2 책임자는 대부분 내 의견을 수용했고, 나 역시 그들이 내건 제안을 철저히 이행하겠다고 다짐했다. 내가 K2 책임자의 마음을 움직인 것은 두 가지였다. 바로 기업 간의 신뢰, 그리고 미래에 대한 확실한 비전.

우리 회사의 토종 브랜드 명칭은 '트렉스타Treksta'로 정해졌다. 트렉스타는 가벼운 등산이나 원거리 산보를 뜻하는 트래킹tracking과 산

속에서 길잡이가 되어주는 별star을 합친 이름이다. 그렇게 해서 내 오랜 숙원이 이루어졌다.

드디어 우리 회사도 자체 브랜드를 갖게 된 것이다.

# 깊이 들어가본 사람만이
## 답을 얻는다

"

남들은 가지 않는 곳으로 향하는 이유는
그곳 너머에 있는 무언가를 보았기 때문이다.

어떤 사람에게는 황무지로만 보이는 땅에서
어떤 사람은 낙원을 미리 본다.

"

가난
이라는
기회

# 생애 단 한 번은
# 1등을 해보리라

나는 경상북도 예천의 작은 산촌 마을에서 2남 6녀 중 장남으로 태어났다. 원래는 제일 위의 형님이 한 분 있었는데 내가 세 살 때 병으로 돌아가셨다. 위로 누나가 줄줄이 다섯이나 되었고, 아래로 남동생과 여동생이 한 명씩 있다. 당시 대부분의 가정이 그랬듯이 우리 집도 끼니를 잇기 어려운 빈농 중의 하나였다. 우리 집 열 식구의 밥줄로는 논 여섯 마지기가 전부였다.

어린 시절을 돌이켜보면 방학 때에 하루 세 끼를 제대로 먹어본 기억이 별로 없다. 오전 10시 반쯤 돼서 첫 끼니로 아침 겸 점심을 먹었다. 끼니도 고구마나 감자가 주였고, 가끔 보리에 쌀이 몇 톨 섞인 정도의 밥을 먹는 것이 전부였다. 학교에 도시락을 싸가지 못하는 일이 다반사였다.

하지만 극도로 빈곤한 가운데에도 나는 과분할 정도로 부모와 누나들의 사랑을 받으면서 성장했다. 10대 종손의 장남이어서 그랬는지 형제들 중에서 특별한 예우를 받았다. 아들이 귀한 집안이다 보니 부모님께서는 어려운 가정 형편에도 유일하게 나에게만 한약을 지어 먹이기도 했다. 하지만 가족의 희생에도 불구하고 나는 그리 뛰어난 학생이 아니었다. 초등학교 때는 그나마 상위에 속했지만 두각을 나타낼 정도는 아니었다. 반장이나 부반장을 해본 적이 없고 분단장을 한 것이 전부였다.

초등학교를 졸업한 후에는 예천읍에 있는 중학교에 입학했다. 우리 집에서 중학교까지는 8킬로미터 정도 되었는데 험한 봉우리를 세 개나 넘어야 하기 때문에 다니기가 무척 힘들었다. 그러다 보니 일주일에 절반 정도는 지각을 했다. 원래 아침잠이 많은 편인 데다가 8킬로미터를 열심히 달려가도 늘 지각을 하기 일쑤였다. 어느 때는 체육 선생님이 몽둥이를 들고 지각생을 단속하는 것이 무서워서 1교시가 끝날 때까지 기다렸다가 교실에 들어간 적도 있었다.

하지만 어머니는 가난한 살림에도 장남만은 가르쳐야 한다는 생각에 나를 고등학교에까지 보냈다. 대신 누나들은 학업을 포기해야 했다. 그나마 수업료를 제때 내지 못해 걸핏하면 집으로 쫓겨오기 일쑤였고, 그럴 때마다 어머니는 이 집 저 집을 돌며 돈 빌리기에 바빴다. 수업료를 빌리려고 하루아침에 스물여덟 집을 돌아다닌 날도 있었다. 이미 돈을 빌린 적이 있는 집은 아직 갚지 못해 염치가 없어

못 가고, 안 빌린 집만 골라 찾아 다녔다. 다행히 우리 동네는 700가구가 모여 사는 면 소재지의 큰 동네여서 이 집 저 집 다니면서 등록금을 빌릴 수가 있었다.

고등학교에 진학해서도 집안 형편은 나아지지 않았다. 그때까지도 내 성적은 썩 좋은 편이 아니었다. 중학교 3학년 여름방학 때는 공부를 하는 게 너무 싫어서 친구 두 명과 서울로 가출을 한 적도 있었다. 그 나이에 서울의 공사판을 전전하면서 엄청나게 고생했다. 이렇듯 수업에 자주 빠진 데다 집에서도 차분하게 공부할 여건이 되지 못했으니 성적이 좋을 리 없었다. 워낙에 기초가 부족했던 나는 대학을 두 번이나 낙방하고 삼수 끝에 부산의 동아대학교 경제학과 야간부에 들어갔다.

대학에 입학한 후에는 등록금이 늘 내 발목을 잡았다. 그 무렵 나는 등록금을 마련하기 위해 일자리를 찾아다녔는데, 밤에 공부할 시간을 내기에는 공무원만한 직업이 없었다. 그래서 대학 재학 중에 부산 지방 공무원 시험에 응시해 합격했다.

첫 발령지는 부산시 서구청 수도과였다. 이곳에서 몇 달 근무하다가 동사무소로 옮겨 2년간 재직했다. 당시의 공무원 봉급으로 등록금을 조달한 것은 물론 대학 입시에 떨어진 동생을 데려다 재수를 시키기도 했다. 대학 3학년을 마치고 입대하면서 공무원직을 그만두었다. 말단 공무원으로는 성장의 한계를 느꼈고, 무엇보다 고리타분한 공무원 생활이 적성에 맞지 않았다. 지금은 공무원이 안정적인 직업으로 각광을 받고 있지만, 당시만 해도 박봉에 발전성도 낮았기 때문에 그리 매력적인 직업이 아니었다.

그나마 다행인 것은 내 나름 긍정적인 사고와 태도를 가지고 있었다는 것이었다. 가난과 굶주림에 지친 어린 시절을 보냈지만 나는 한 번도 가정 형편을 탓하지 않았다. 주어진 환경을 있는 그대로 받아들였다. 돈이 없으면 없는 대로, 가난하면 가난한 대로 살아도 무방하다 여겼다. 내가 구김살 없이 자랄 수 있었던 것은 그런 특유의 낙천적인 성격 때문이었다.

## 사회에서라도 1등 한번 해보자

나에게 변화가 일어난 것은 군에서 제대한 후였다. 군 생활을 마치고 복학한 나는 주위 친구들에게서 적지 않은 충격을 받았다. 공부밖에 모른다며 내가 놀려대고는 했던 친구들이 모두 사회에 진출하여 훌륭하게 첫발을 내디딘 것이었다. 대부분 은행이나 대기업 등에서 일하고 있었다. 은행과 대기업은 예나 지금이나 모두가 선망하는 직장이다. 그들 중에는 고시에 합격한 친구도 있었다.

'이래선 안 되겠다. 나도 뭔가를 해야 하지 않겠나.'

나는 새로운 갈림길에 서 있었다. 시골의 가난한 집 8남매의 장남, 환경미화원을 하는 누님들, 어렸을 때 돈을 빌리러 다니던 어머니의 얼굴이 떠올랐다. 그때 처음으로 공부의 필요성을 절감했다. 나에게 있어 공부는 생존에 관한 문제였다. 뒤늦게 공부에 대한 필요성을 깨닫자 나는 미친 듯이 학업에 매달렸다. 화장실 가는 시간도 아꼈다. 나는 반쯤 미치기로 작정했다. 그때 친구들은 내가 정말로 미친 줄 알았다고 할 정도였다.

당시 나는 마음속으로 큰 결심을 한 게 있었다. 사회에 나가면 한 번은 1등을 해보자는 것이었다. 지금까지의 과거는 모두 잊고 새로운 삶에 내 인생을 걸고 싶었다. 나는 학교에 다닐 때 단 한 번도 1등을 해보지 못했다. 중학교와 고등학교 다닐 때는 늘 중하위권에 머물렀다.

내가 대학을 졸업할 당시는 취업이 그리 힘들지 않은 시절이었다. 웬만큼 학점 관리를 한 대학 졸업생이라면 대기업은 물론 금융기관에도 큰 어려움 없이 직장을 구할 수 있었다. 하지만 대기업은 내가 성장하기에는 한계가 있고, 금융기관은 원래 수리감각이 떨어져 별로 내키지 않았다. 그래서 대학 졸업을 앞두고 나는 중소기업의 해외영업 파트에 뜻을 두고 있었다. 오대양 육대주를 제 집처럼 넘나들고 싶었다. 당시에는 해외여행이 자유롭지 않기 때문에 해외 바이어와 일을 한다는 것은 매우 매력적인 직업이었다. 내가 거주하고 있던 부산에서도 미국과 유럽에서 온 바이어들을 흔히 볼 수 있었다. 그들은 늘 검은 정장 차림에 007 가방을 들고 광복동과 남포동을 누비고 다녔다.

나는 대학 졸업과 동시에 부산의 중견 신발업체인 (주)세원에 해외영업 파트 공채 1기생으로 취업하여 사회에 첫발을 내딛었다. 졸업을 앞두고 연말부터 바로 근무가 가능한 데다 내가 원했던 해외영업 부서에 배치된다는 매력에 이끌렸던 것이다. 이렇게 나는 젊음과 열정을 바치게 될 신발산업과 첫 인연을 맺었다.


## 미칠 준비 되어 있습니다

내 젊은 날을 되돌아보면 떠오르는 단 한 단어는 '열정'이다.

일에 대한 열정……. 그때 내 머릿속에는 오직 일밖에 없었다. 나는 머리가 뛰어난 편도, 요즘 말로 뛰어난 스펙을 가지고 있지도 않았다. 다만 나에게는 그 누구에게도 뒤지지 않는 열정이 있었다. 그때는 그것이 나의 전부이고 나의 유일한 무기였다.

그 무렵 나에게는 확실한 목표가 있었기에 시작부터 남들과 달랐다. 1등이 되어야 한다는 것, 일에 미쳐야 한다는 것, 그 두 가지 말고는 한눈을 팔지 않았다. 이 사회에서 1등을 하기 위해서는 어딘가에 단단히 미치는 수밖에 없었다.

그랬다. 입사 이후 나는 오직 일에만 몰두했다. 다른 것은 거들떠보지도 않았다. 매일 오전 7시면 어김없이 회사에 도착했다. 업무 시작 전에 외국어도 공부하고 운전도 배우면서 스스로를 계발하는 시간을 가졌다. 낮에는 상담, 저녁에는 보고서 작성으로 때론 끼니를 잊어가며 일했다. 나에게 사무실 소파는 집을 대신하는 잠자리가 되었다. 해외영업 파트에서 외국 바이어들을 담당하다 보니 낮은 회사 업무에 바치고 저녁은 바이어 접대에 바치며 하루 종일 일에 매달렸다. 밤을 샌 적도 많았다.

당시 나는 모든 것을 신발과 연관시켜 생각했다. '신발에 미친 사나이'라는 별칭은 이때부터 생겨난 것이었다. 내가 직장 생활을 하던 부산은 세계 신발산업의 메카였다. 일제 강점기 때부터 생산되기 시작한 검정고무신은 해방과 6·25전쟁을 거치면서 대한민국 최고의 아이콘이 되었다. 당시 열풍은 요즘 유행하는 나이키나 아디다스 이상이었다. 왕자표, 말표, 범표, 기차표 등의 검정고무신 브랜드는 대부분 부산에서 생산되었다. 국제상사(왕자표), 태화고무(말표), 삼화고무(범표), 동양고무(기차표) 등은 한국 신발산업의 중심이었다. 1965년 한일 국교 정상화 이후 일본의 신발업계가 저임금과 풍부한 노동력 활용이 가능한 부산을 생산기지로 삼은 것이 결정적이었다. 이들 업체는 1980년대 중반까지 흰색 고무신, 운동화, 구두 등 다양한 종류의 신발을 개발하고 생산하면서 한국 신발산업의 중흥을 이끌었다. 특히 국제상사는 세계 최대 규모의 신발공장이라는 영예를 누리기도 했다.

1980년대 초, 나는 세계 신발업계의 메카 그 중심에 서 있었다. 그리고 나의 꿈은 점점 영글어가고 있었다.

# 미스터 권, 우리 결혼합시다

앞서 밝혔듯이 나는 취업을 하기 전 대학 졸업을 앞두고 일찌감치 해외무역 업무에 뜻을 두고 있었다. 대기업보다는 중소기업을 선호했는데, 내가 성장하기 위해서는 중소기업이 더 좋은 무대라고 여겼기 때문이다.

해외무역 파트에서 일하기 위해서는 예나 지금이나 영어가 필수 조건이었다. 세계 공용어인 영어를 모르고서는 꿈도 꿀 수 없는 일이었다. 그래서 군에서 제대하자마자 영어에 올인하기로 마음먹고 학원에 등록했다. 하지만 워낙 기초가 부족했던 터라 아무리 열심히 해도 영어 실력이 늘지 않았다. 새삼 중고등학교 때 기초를 다지지 않은 것이 후회되었다. 그렇다고 이제 와서 꿈을 접을 수는 없는 일이었다.

영어 실력을 획기적으로 쌓을 수 있는 새로운 방안을 모색하던 중 맨투맨 교습 방법이 떠올랐다. 이를테면 영어 강사를 나 홀로 독차지하고 영어에 몰입하는 방안이었다. 나는 영어 실력을 향상시키기 위해 미국인 영어 강사인 에드나에게 매미처럼 착 달라붙었다. 에드나는 우리나라에 온 지 삼 년이 넘었는데, 수강생 사이에는 인기가 별로 없는 편이었다. 그래서인지 그녀는 영어에 목말라 하는 나를 수강생 이상으로 잘 대해주었다.

에드나와 나는 학원에서뿐만 아니라 늘 실과 바늘처럼 붙어 다녔다. 우리는 학원 앞 식당에서 식사도 하고 휴일이면 교외로 함께 놀러가기도 했다. 그 덕분에 내 영어 실력은 단기간에 많은 진전을 보였다. 실로 놀라운 변화였다. 두 달 만에 간단한 영어 회화 정도는 능숙하게 하는 실력이 되었다.

그러던 어느 날이었다.

"미스터 권, 할 말이 있어요."

강의가 끝난 후 그녀가 나를 학원 앞의 다방으로 불러냈다. 그날 따라 에드나의 표정이 심각해 보였는데, 내게 긴히 할 말이 있는 것 같았다.

"무슨 말인데예?"

그녀는 한참 뜸을 들이더니 작은 소리로 말했다.

"우리, 결혼해요."

"바, 방금 뭐라 했심니꺼?"

나는 그녀의 말을 잘못 들은 게 아닌지 귀를 의심했다.

"결혼해서 나와 함께 미국으로 가요."

그녀의 말은 분명하고 또렷했다. 에드나가 내게 청혼을 한 것이었다. 당시 그녀는 학원 강사를 마치고 출국을 앞두고 있었다. 그녀는 나를 영어 수강생이 아닌, 장래 배우자감으로 여기고 있었다.

전혀 예상치 못한 일이었다. 내가 그녀에게 친절하고 상냥하게 대한 것은 사실이었다. 그러나 그런 나의 태도는 이성을 향한 감정이 있어서가 아니라 영어 실력을 향상시키기 위한 것에 지나지 않았다.

반면에 그녀는 나와 늘 가까이 있다 보니 차츰 연애 감정이 들었던 것이다. 내가 학교에 있는 시간을 제외하고 그녀와 하루 종일 붙어 있었으니 그런 감정이 싹튼 것도 무리가 아니었다.

"지금 당장 대답을 주지 않아도 돼요. 이틀간 시간을 주겠어요."

아아, 이를 어찌한단 말인가. 내가 미국 여자와 결혼을 해서 미국으로 간다니. 이런 상상은 꿈에서조차 해본 적이 없었다. 그 당시에는 국제결혼이 매우 이례적인 일이었다. 나는 이틀 동안 내 미래에 대해 곰곰이 생각했다. 사실 그녀에게 전혀 연애 감정이 없던 것도 아니었다. 꽤 오랜 시간을 함께 보냈으니 남다른 정이 쌓여 있었다. 그러나 무엇보다 미국이라는 전혀 낯선 땅에서 살 자신이 없었다. 나는 아직 이 땅에서 해야 할 일이 많았다.

"에드나, 미안합니다. 당신의 제안은 내게 분에 넘치지만, 난 아직 고국에 남아 할 일이 있심니더."

나는 정중하게 그녀의 프러포즈를 거절했다. 그녀는 내 의사를 존중해주었다. 결국 나는 그녀의 출국 길에 함께 오르지 않았다. 마지막 날 그녀는 애써 여유로운 표정을 지었으나, 공항으로 향하는 그녀의 뒷모습은 쓸쓸하고 외로워 보였다.

대학을 졸업할 즈음, 나는 에드나의 도움으로 상당한 수준의 영어 실력을 갖추게 되었다. 대학 졸업 당시 나의 영어 실력은 학과 내에서 최고로 인정을 받았다. 해외업무 파트에서 근무하는 데 조금도 부족하지 않는 실력이었다.

# 일밖에 몰랐던 나의 청춘

입사 2년차 때 내 별명은 '불도저'였다. 이는 부산에 머물고 있는 신발업계의 해외 바이어들이 붙여준 별칭이었다. 해외 바이어들 사이에서 나는 물불 가리지 않는 독종으로 통했다. 또한 해외 바이어들을 가장 괴롭히는 인물로 악명(?)이 자자했다.

좋은 아이디어가 떠오르면 나는 때와 장소를 가리지 않고 즉시 실행에 옮겼다. 내가 담당하고 있는 해외무역 파트는 주로 바이어들을 상대로 상담과 오더를 맡았다. 당시는 바이어들에게 가격 잘 받고 좋은 오더를 많이 받아내는 것이 최고의 목표였다. 그러나 나는 상담과 오더를 받아내는 일 이외에 신발을 만드는 혁신적인 아이디어를 제공하기도 했다. 더 좋은 신발을 생산하는 데는 담당 부서가 따로 없다고 여겼다. 그런데 공교롭게도 나의 기발한 아이디어는 늘 자정이 넘어서 떠올랐다. 잠들기 직전 평온한 상태의 분위기가 좋은 생각을 떠올리게 했다. 나는 잠을 자다가도 획기적인 아이디어가 떠오르면 용수철처럼 튀어 올라 해외 바이어가 묵고 있는 호텔로 득달같이 달려갔다.

"이 밤중에 무슨 일입니까?"

미국의 한 바이어는 밤늦게 찾아온 나를 보며 고개를 갸웃거렸다. 그는 뭔가 일이 잘못된 것으로 생각했는지 표정이 딱딱하게 굳어져 있었다.

"방금 좋은 아이디어가 떠올랐습니다. 이번 신제품 신발은 밑창을 더 견고하게 만드는 것이 좋을 것 같습니다."

"이봐요, 미스터 권. 지금 대체 몇 시인 줄 아시오? 새벽 두 시입니다. 그런 소리라면 내일 오전에 해도 되지 않겠습니까?"

나는 바이어의 말을 한귀로 흘렸다. 좋은 아이디어는 곧바로 실천에 옮겨야 한다는 것이 내 철칙이었다. 나중에는 그런 나의 공격적인 태도를 알고는 자정이 넘어서면 아예 호텔 문을 열어주지 않는 바이어도 있었다. 나는 단순히 바이어의 요구대로 신발을 만들기보다는 내 아이디어를 덧붙여 제품이 생산되기를 원했다. 그때 내가 제안한 아이디어 대부분이 신제품을 만드는 데 이용되었다.


## 5분 대기조 인생

사회에서 1등이 되고자 하는 나의 노력은 멈추지 않았다. 하루 24시간이 모자랄 정도였다. 그래서 단 한 시간이라도 허투루 보낸 적이 없었다. 끊임없이 나를 계발하고 발전시키는 데 노력과 투자를 아끼지 않았다.

나는 직장 생활에 아주 적극적인 편이었다. 모든 일을 회사 편에서서 생각하고 업무를 수행했다. 회사 내에서는 사소한 물품이라도 결코 소홀히 다루지 않았다. 한번은 어머니가 절의 주지 스님에게 드릴 신발 한 켤레를 달라고 부탁한 적이 있었다. 그러나 나는 회사 몰래 신발 한 켤레라도 빼돌릴 수가 없었다. 그래서 신발 매장에 직접 가서 내 돈을 주고 주지 스님에게 맞는 신발을 사다 드렸다. 사람들은 그런 나를 융통성이 없다고 했으나 나는 무엇보다 원칙을 지키고 싶었다.

회사 내에서 나의 위치는 5분 대기조 돌격대원이었다. 5퍼센트를 더 받아내기 위해 바이어들과 몇 시간씩 붙어 싸웠다. 하루에 결판이 나지 않으면 시간을 끌어서라도 목적한 바를 이루었다. 회사를 위한 일이라면 매사에 그렇게 최선을 다했다.

회사의 신임을 얻게 되면서 내가 맡는 업무 영역이 점점 커졌다. 바이어와의 상담은 물론 세계 신발산업의 현장을 답사하는 것도 나의 몫이 되었다. 나는 업무에 관한 한 작은 실수도 용납하지 않았다. 내가 하도 다그친 탓에 더 이상 일을 못하겠다고 그만둔 부하 직원도 적지 않았다. 지금 생각해보면 너무 지나친 것이 아니었나 하는 생각이 든다.

어찌됐든 나는 내게 맡겨진 일에 대해서는 한 치의 빈틈도 없이 철저하게 해냈다. 그런 열정 덕분이었는지 나는 입사한 지 불과 2년 만에 해외 물량의 80~90퍼센트를 담당하게 되었다. 남들은 8년이 걸린다는 과장 진급도 3년 만에 해냈다. 그러다 보니 매년 인사철만 되면 주변 동료와 관계가 불편해지고는 했다. 초고속 승진은 내게도 부담이 가는 일이었다. 그래서 나는 인사철이 오기 전에 직접 사장을 찾아가기도 했다.


## 세계 시장에 눈을 뜨다


"저, 사장님예, 부탁이 있어서 왔심더."

사장은 지레 인사 문제인 줄 알고 내 말을 받았다.

"인사 문제가? 이번 승진 건은 걱정 마라. 이제부터는 권 차장이 대이."

"아닙니다. 이번만큼은 제발 승진 좀 시켜주지 마이소. 그걸 부탁 드리러 왔심더."

"그게 무슨 소리고? 남들은 승진을 못해 안달인데."

"아닙니다. 이번만큼은 제발 부탁입니더. 지는 지금 자리로도 만족하고 있심더."

동료와의 관계 때문에 나는 승진을 고사하는 수밖에 없었다. 조직이란 나 홀로 설 수가 없는 것이다. 당시 나는 조직의 생리를 누구보다 잘 알고 있었다. 남들보다 승진이 빠르고 일의 성과를 올린다고 해서 좋은 것만은 아니었다. 조직원, 즉 팀원 간의 긴밀한 인간관계도 회사 구성원으로서 지켜야 할 아주 중요한 덕목이라는 것을 알았다.

나는 오직 일에만 몰두했다. 연애할 시간도 없었고, 직장 밖에서 한가롭게 여자를 만날 여유도 없었다. 근무가 끝난 후에는 거의 매일 바이어를 접대하느라 자정이 넘어서야 집에 들어갔다. 공교롭게도 나의 연애는 회사 내에서 이루어졌다. 구내식당의 영양사와 눈이 맞아 결혼했다. 그녀가 지금의 내 아내다.

직장 생활을 하는 동안 세계 신발산업의 현장을 부지런히 오가면서 나는 해외 상담은 물론 디자인 개발과 유통, 생산 공정 등 여러 가지 일을 배웠다. 나이키, 아디다스, 아식스, 뉴발란스 등 세계적으로 유명한 신발회사의 중역들과도 활발하게 교류했다. 이때의 경험들은 훗날 내가 창업을 하고 회사를 운영하는 데 커다란 밑거름이 되었다. 무엇보다도 그들과 같은 유명 인사와 교류하면서 세계 신발산업의 흐름을 파악할 수 있는 안목을 넓힌 것이 가장 큰 자산이 되었다.

젊은 날의 내 모든 열정은 회사에 바쳤다고 해도 결코 과언이 아니었다. 물론 결과도 아주 좋았다. 내가 입사할 당시 회사는 전 직원이 1,000여 명에 수출액이 1,000만 달러 정도였다. 그러나 내가 퇴사할 무렵에는 직원이 5,000여 명, 수출액이 1억 2,000만 달러에 이르는 큰 회사로 성장해 있었다.

# 일상 속에
# 답이 있다

실패의 아픔과 교훈을 함께 주었던 거미 신발을 포기한 후에도 나의 도전은 멈추지 않았다. 또 한 번의 기회가 찾아온 것은 2004년 겨울이었다. 그날 나는 거실에서 딸아이와 함께 야생에서 살아가는 동물을 다룬 자연 다큐멘터리를 시청하고 있었다. 다큐멘터리의 주인공은 북극곰이었다. 지구의 온난화가 가속화되면서 삶의 터전을 잃은 북극곰의 개체수가 점점 줄어든다는 것이 다큐멘터리의 핵심 내용이었다.

"아빠, 저 북극곰은 왜 미끄러지지 않아?"

한참 TV를 보던 딸아이가 말했다.

"니 방금 뭐라 했노?"

"저 북극곰 좀 봐. 얼음 빙판에도 미끄러지지 않고 잘 뛰어다니잖아."

　그 말을 듣는 순간 머릿속이 감전이라도 된 듯 찌릿찌릿했다. 그랬다. 딸아이의 말대로 북극곰은 얼음 위를 달리면서도 미끄러지지 않았다. 마치 사람의 발이 평원을 걷듯 잘 걸어 다니고 있었다.

　'곰 발바닥에 뭔가 특수한 기능이 있는 게 아닐까?'

　나는 언제나 그랬듯 일단 물음표를 던졌다. 동물들은 제각각 자신이 처한 환경에 적응할 수 있는 특별한 능력과 기능을 가지고 있다. 사방이 얼음으로 둘러싸인 극지대에서 살아가는 북극곰의 발바닥에는 빙판을 지치고 자유자재로 걸어 다닐 수 있는 특화된 기능이 숨겨져 있을 것이다.

　그때 떠오른 것이 '미끄러지지 않는 신발'이었다. 한겨울 눈이 내린 다음 날이면 사람들은 길을 걸을 때 엉금엉금 기어가는 자세를 취한다. 빙판길이 미끄러워서 넘어지지 않기 위해서다. 만약 얼음에도 미끄러지지 않는 특수한 기능의 신발창을 개발하면 이 같은 고민을 해결할 수 있지 않을까.

　신발에서 가장 중요한 부분은 '신발창'이다. 신발창은 지면과 맞닿는 밑창을 말한다. 직립보행을 하는 인간은 모든 체중이 발바닥에 쏠린다. 그래서 신발을 신을 때 발등을 덮는 부분에는 문제가 있어도 사람은 별로 고통을 느끼지 않지만 신발창에 조금이라도 문제가 생기면 걷는 데 큰 불편함을 느끼게 된다. 밑창이 제 기능을 다하지 못하면 미끄러지는 등의 사고가 발생할 수 있고, 충격을 제대로 흡수하지 못하면 관절에 이상이 생기기도 한다. 만약 신발창에 곰 발바닥과 같은 특수한 기능을 담을 수 있다면? 나는 여기저기 수소문한 끝에 부산 국제시장에서 어렵게 연구 목적으로 곰 발바닥을 구했다.

## 북극곰에게서 세계 초일류 기술이 태어나다

"이번엔 곰 발바닥이대이!"

다시 한 번 디자인센터가 들썩거렸다. 디자인센터의 책임자인 최 부장은 자포자기한 듯한 표정으로 내가 내민 자루를 아무런 거부감 없이 받아들었다. 나는 그런 최 부장의 표정에서 이런 생각을 읽었다. 아, 올 것이 또 오고야 말았구나.

곧바로 개발팀이 꾸려지고 본격적인 연구에 들어갔다. 이번 개발에서 가장 중요한 부분은 신발창이었다. 북극곰의 발바닥과 흡사한 신발창을 만드는 것이 최종 목표였다. 무엇보다 미끄럼 방지에 초점을 맞추었다.

나는 팀원들과 함께 곰 발바닥 분석에 들어갔다. 그리고 곧 새로운 사실을 알아냈다. 곰 발바닥이 빙판에서도 쉽게 미끄러지지 않는 이유는 발바닥 주변이 털로 덮여 있기 때문이었다. 또한 발톱이 안으로 구부러져 얼음을 움켜쥐는 효과도 있었다.

곰 발바닥의 털과 발톱을 대신할 재료를 찾아 나섰다. 개발팀은 이를 대체할 재료로 곰 발바닥과 비슷한 효과를 내는 유리섬유를 갈아서 신발창에 끼워 넣었다. 이를 빙판에서 실험한 결과 미끄럼 방지율이 4배 이상 늘어난 것으로 나타났다. 마침내 얼음에도 미끄러지지 않는 '아이스그립' 기술이 태어난 것이다. 내가 국제시장에서 곰 발바닥을 구해온 지 꼭 1년 6개월 만이었다.

이렇게 탄생한 아이스그립 기술은 전 세계 신발업계의 큰 화제가 되었고, 신발을 만드는 전 세계 기술자들에게 신선한 충격을 주었다. 전 세계 유수의 신발업체들로부터 아이스그립 기술을 접목한 신발창을 보내달라는 주문이 쇄도했다. 그와 함께 트렉스타가 자체 개발한 신발창 브랜드인 '하이퍼그립' 역시 접지력과 안정성을 높인 기술력과 경쟁력에서 전 세계적으로 인정을 받았다. 하이퍼그립 기술이 접목된 제품들은 2006년에 산업통상자원부가 주최하고 KOTRA가 주관하는 '차세대 세계일류상품'으로 선정된 데 이어 2010년에는 한 단계 승격된 '세계일류상품'으로 선정되었다. 이후 하이퍼그립 기술은 해마다 세계일류상품의 영예를 놓치지 않고 있다.

아이스그립 기술을 적용한 신발창은 2006년에 세계 2위의 점유율을 달성했으며, 현재까지도 이 품목은 라스포티바, 라푸마, 에이글, 테바 등 세계 각국의 내로라하는 아웃도어 브랜드의 등산화와 신발에 사용되고 있다. 현재는 전 세계 20여 개국 30여 개 브랜드에 적용되고 있다.

시쳇말로 대박이었다. 딸아이와 함께 TV를 시청하다가 우연히 보게 된 북극곰에게서 세계 초일류 기술이 태어난 것이다.


## 신발에 미친 사나이


"아빠는 모든 게 사람의 발로 보여?"

딸아이가 종종 내게 하는 말이다. 그래도 이 말은 좀 나은 편이다. 아내는 한술 더 뜬다.

"이 세상에 신발에 미친 사람은 당신 아닌교? 차라리 신발과 결혼할 것이제 왜 나랑 결혼했는교?"

신발에 미친 사나이……. 언제 들어도 나는 이 말이 좋다. 어쩌면 이 말이 나를 가장 잘 표현하는 말인지도 모른다. 그러나 이 말이 어느 날 하루아침에 갑자기 생겨난 것은 아니다.

1981년 신발 생산 업체인 (주)세원에 평사원으로 입사한 이후부터 나는 줄곧 사람의 발을 관찰해왔다. 1988년 8월, 성호실업을 창업한 후로도 지금까지 사람의 발에서 시선을 떼지 못하고 있다. 나는 실제로 잠을 청할 때 신발을 껴안고 자리에 눕기도 한다. 행여 꿈속에서라도 산신령이 나타나 마법과 같은 비결을 내려주지 않을까 하는 기대감 때문이다.

나는 하루 종일 사람의 발을 관찰하고 다닌다. 길에서 고개를 숙인 채 다른 사람의 발끝을 보고 다니다가 벽이나 전봇대에 부딪치거나 넘어진 일이 한두 번이 아니다. 사람들을 만날 때도 신발을 먼저 보는 습관이 있다. 한 지인이 "제발 신발만 보지 말고 내 얼굴 좀 보고 이야기하자"고 말했을 정도다.

산이나 들은 물론 해수욕장에 가서도 마찬가지다. 백사장에서 사람들의 맨발을 볼 때면 저 발에는 어떤 신발이 어울릴까, 늘 이런 생각에 사로잡히곤 한다. 이렇게 하루 종일 신발에 집중하다 보면 발 냄새마저 향기롭게 느껴질 때가 있다.

내가 사람의 발과 신발에 집착하는 이유는 신발이 그 사람의 삶을 담고 있다고 믿기 때문이다. 사람의 가장 밑바닥에 있는 발과 신발은 그 사람이 어디를 자주 가는지, 또 어떤 생활 습관을 가졌는지 말해준다. 이와 같은 꼼꼼한 관찰 습관은 새로운 아이디어와 기술 개발로 이어진다. 지금까지 만든 특수 신발은 결코 우연히 얻어진 것이 아니다.

## 흉내만 내서는 1등이 될 수 없다

'신발에 미친 사나이' 못지않게 자주 듣는 말이 '신발 발명가'라는 말이다. 신발산업에 뛰어든 이후로 나는 여러 가지 독특하고 기발한 신발을 시장에 내놓았다. 끈 없는 신발인 핸즈프리, 얼음에도 미끄러지지 않는 아이스그립, 맨발같이 편안한 네스핏 등이 대표적이다. 그밖에도 양쪽의 사이즈가 다른 짝짝이 신발, 자라나는 아이들을 위한 크기 조절 신발, 치매 예방 신발, 자동차의 현가장치 기능을 신발창에 접목해 균형을 유지해주는 IST 기술 등 수많은 신발과 새로운 기술을 만들었다.

그러나 나는 발명가가 아니다. 발명가가 될 만한 소질도 능력도 없다. 나의 전공은 발명과는 전혀 무관한 경제학이며, 수학이나 과학은 대학에 입학한 후로는 담을 쌓고 살았다. 지금도 회계 장부에 적혀 있는 숫자들을 보면 머리가 지끈거린다. 원래부터 나는 수셈에 약할 뿐만 아니라 손재주도 없는 편이다. 그래서 나에게는 발명가보다는 '관찰가'라는 말이 더 잘 어울린다.

위에 열거한 제품과 기술들은 모두 관찰에서 비롯되었다. TV에 나온 북극곰을 보다가 아이스그립 기술을 착안했고, 축구 선수인 박지성의 울퉁불퉁한 발을 보고 '맞춤 신발'을 구상했다. 나에게 '보는 것'은 곧 '만드는 것'이다. 그래서 지금도 길을 걸을 때나 차를 탈 때 눈에 들어오는 대상에서 시선을 떼지 못한다. 내가 도쿄 출장길에서 거대한 거미 조각상을 보고 '거미 신발'을 고안해낸 것도 같은 맥락이다.

나는 무언가에 미치지 않으면 성공할 수 없다고 생각한다. 한 기업의 임직원이든 자영업자든 마찬가지다. 어떤 직업을 가졌든 단단히 미쳐야만 자신이 원하는 것을 얻을 수 있다고 믿는다. 흉내만 내려 한다면 영원히 1등이 될 수 없다. 불고기집을 운영하던 자영업자가 옆 동네의 횟집이 잘되는 것을 보고 업종을 바꾼다고 해서 성공할 수 있을까. 영업 아이템과 사업 전략 없이 그저 소문과 유행만 믿고 따라갔다가는 쪽박 차기 십상이다.

무슨 일이든 흉내를 내는 것은 그리 어려운 일이 아니다. 누군가 잘 닦아놓은 길을 가는 것 역시 비슷하다. 그러나 새로운 길을 발견하고 또 이를 자신의 영역에 접목시키는 것은 어려운 일이다. 선각자先覺者란 바로 이를 두고 하는 말일 것이다. 끊임없이 생각하고 또 연구해야 한다. 아이디어와 창의력은 현대를 살아가는 인재가 갖추어야 할 필수 요건이 되었다. 그래서 나는 새로운 아이디어를 찾는 사람에게 다음과 같이 주문한다.

"밖에 나가서 사람들을 자세히 관찰하라. 그러면 답이 보인다."

나는 식당에 가서도 수저를 보고 신발에 적용할 아이디어를 생각한다. KTX를 탈 때는 기차바퀴를 보고 아이디어를 떠올린다. 언제 어디서든, 모든 사물에서 아이디어를 찾는다.

신발사업의 관건은 창의력이다. 단순해 보이는 신발이지만 적게는 80개에서 많게는 200개가 넘는 부품이 모여야 비로소 한 족의 신발이 완성된다. 신발 한 족이 만들어지는 이러한 공정을 바꾸어 생각해보면 신발 하나에는 80개에서 200개의 새로운 아이디어를 접목시킬 영역이 있다고 말할 수 있다. 각 부품과 공정에 창의력을 부여하고자 노력한다면 불가능한 일이 아니다. 그런데 이러한 창의력은 어느 날 갑자기 생겨나는 것이 아니다. 항상 아이디어를 낚아챌 준비가 돼 있을 때 비로소 살이 붙는다.

## 아이디어와 창의력은 관찰에서 비롯된다

종종 대학에 강연을 나가고는 한다. 대학에서 요구하는 강연 주제는 대부분 '성공한 CEO의 역할', '중견기업의 미래' 등이다. 그러나 강연 중에 주제와 상관없이 대학생들에게 꼭 강조하는 게 하나 있다. 바로 '관찰'이다. 주위 사람이나 사물을 자세히 관찰해보라는 조언을 빠뜨리지 않는다. 관찰은 사물 또는 현상의 본질을 꿰뚫는 힘을 지니고 있다.

앞서 말했듯 나는 사람들의 신발을 관찰하는 습관이 있다. 일종의 직업병인 셈이다. 가발을 만드는 사람이 주위 사람의 머리를 유심히 관찰하는 것과 크게 다르지 않다. 나는 신발을 통해 그 사람이 어떤 유형의 직업을 가졌는지, 어디를 자주 가는지, 또 어떤 자세로 걷는지를 파악한다. 특별한 것을 발견하게 되면 이를 꼭 수첩에 기록한다. 이 관찰일지는 신제품 개발을 위한 아이디어의 산실이다. 사실 트렉스타의 히트 상품도 대부분 관찰과 꼼꼼한 메모에서 비롯됐다.

양손을 사용하지 않고 신발을 신고 벗을 수 있도록 한 '핸즈프리' 기술도 마찬가지다. 핸즈프리 기술은 사람들의 행동을 자세히 관찰한 끝에 개발의 방향을 잡았다. 좌식 문화가 발전한 우리나라에서는 사람들이 신발을 벗었다가 다시 신는 일이 잦다. 양손에 짐을 한 가득 들고 집에 돌아가는 주부, 앞좌석과의 간격이 좁은 자동차에서 벗어놓았던 신발을 다시 신는 비즈니스맨, 직장 상사의 갑작스러운 호출에 빠르게 신발을 갖춰 신어야 하는 직장인 등은 벗어놓은 신발을 신을 때 애를 먹는다. 게다가 우리나라 사람들은 한 번 묶은 신발끈에 좀처럼 다시 손을 대고 싶어 하지 않는다. 그래서 떠올린 것이 핸즈프리 기술이다. 양손을 자유롭게 사용할 수 있도록 해주면서도 끈을 묶거나 푸는 시간까지 아껴주는 신발을 만들면 되지 않을까. 1분 1초가 아까운 일상을 보내는 현대인이라면 누구에게나 필요한 제품이 될 것 같았다.

신발 끈에 대한 통념을 깨버린 이 기술은 신발을 신은 상태에서 뒤축 아래 핸즈프리 장치를 바닥에 대고 가볍게 당기기만 하면 신발 끈이 자동으로 조여진다. 신발을 벗을 때에는 뒤축 버튼을 다른 발로 누르기만 하면 신발 끈이 풀어진다. 바쁜 일상을 살아가는 현대인들에게 안성맞춤인 신발이다.

맨발같이 편한 '네스핏 기술'도 크게 다르지 않다. 트렉스타의 대표적인 특허 기술인 '네스핏 기술'은 2만 명의 발을 관찰한 끝에 태어났다. 2만 명의 발 데이터를 수집하고 연구하여 맨발에 가장 가까운 곡선을 완벽히 구현한 인체공학 기술이다. 이 기술은 신발 내부를 발의 굴곡에 따라 밀착되게 만들어 발의 피로를 획기적으로 줄여주며 착용감을 극대화시킨다. 모든 사물을 유심히 관찰하는 버릇이 없었다면 이러한 기술은 세상에 태어나지 못했을 것이다.


## 아이들의 눈높이에 맞춘 레고의 관찰

2000년대 들어 어린이 블록게임업체인 레고는 큰 위기를 맞았다. 성장기의 아이들이 온통 비디오게임에 빠졌기 때문이다. 비디오게임기의 등장으로 성장 동력을 잃어버린 레고는 특단의 조치를 취하지 않고는 생존할 수 없는 상황에 처했다. 이때 레고의 최고 경영진이 선택한 해법이 바로 관찰이었다. 그들은 아이들의 관점에서, 아이들의 눈높이로 다시 아이들의 일상을 세밀하게 관찰하기 시작했다.

레고는 아이들을 유심히 관찰한 끝에 새로운 질문을 찾았다. '아이들이 어떤 장난감을 좋아할까?'가 아니라 '아이들에게 놀이의 역할은 무엇인가?'라는 물음을 스스로에게 던진 것이다. 질문을 바꾸니 관점이 달라지고 해결책을 찾으려는 방법도 달라졌다. 아이들의 삶으로 깊이 들어가 아이들의 일상을 관찰했다. 그 결과, 레고는 아이들이 오랜 시간 공을 들여 성취감을 느끼는 데서 즐거움을 찾는다는 사실을 발견했다. 무언가에 골몰하면서 새로운 기술을 습득하고 몰랐던 사실을 깨우쳤을 때의 뿌듯함이 아이들을 가장 즐겁게 만들었던 것이다. 레고는 이를 바탕으로 블록 장난감의 콘셉트를 바꾸었다. '다시 브릭으로(again, to the brick itself)'라는 전략으로 더 복잡하고 어려운 작업을 자사의 제품에 부여함으로써 아이들이 느끼는 뿌듯함과 즐거움을 유도한 것이다. 이는 어린이 놀이시장에 큰 반향을 일으켰고, 레고는 새로운 전성기를 맞이했다.

누구나 볼 수 있지만 아무나 발견할 수는 없다. 같은 것을 보면서도 거기에서 새로운 것을 찾아내는 것, 그것이 관찰의 힘이다. 관찰은 새로운 영감을 제공하고 창의적인 작품을 만들어내는 단서를 제공한다. 타성에 젖은 시선으로 세상을 바라보는 것이 아니라 자신만의 관점으로 바라보며 세상을 새롭게 해석하도록 이끈다.

## 미키마우스의 손가락은 몇 개일까

아마도 미키마우스를 모르는 사람은 없을 것이다. 미키마우스는 수컷 쥐를 의인화한 캐릭터로, 월트 디즈니의 심벌 캐릭터다. 미키마우스는 생쥐이면서도 화를 내고 웃고 노래하는 등 인간과 유사하게 형상화되었다. 그런데 이 미키마우스의 손가락은 몇 개일까?

정답은 네 개다. 미키마우스의 손가락을 조금만 유심히 관찰했다면 금방 알 수 있는 일이다. 그런데 미키마우스를 만든 디즈니는 왜 하필이면 미키마우스의 손가락을 네 개로 했을까?

디즈니는 예술적·경제적 측면에서 미키마우스의 손가락을 왜 네 개로 만들었는지를 밝혔다. 미키마우스의 손가락이 다섯 개라면 징

그럽고 괴상하게 보였을 것이다. 또한 한 편의 애니메이션을 완성하기 위해서는 수만 장의 그림이 필요한데, 5번째 손가락을 그리지 않으면 수백만 달러의 예산을 절감할 수 있다. 시각적인 면에서 친근함을 줄 뿐만 아니라 경제적인 측면에서도 효과적이었기에 손가락을 네 개만 그린 것이다. 그런데 미키마우스의 손가락이 네 개인 것에는 또 다른 비밀이 숨겨져 있다. 디즈니의 남다른 관찰력이 미키마우스에게 적용된 것이다.

디즈니가 유명해지기 전의 일이다. 그는 워낙 가난했던 탓에 차고에서 자는 경우가 많았다. 그러던 어느 날, 디즈니는 차고 벽에 뚫린 구멍으로 생쥐들이 드나드는 것을 알게 되었다. 대부분의 사람이 쥐라면 질색을 하지만 디즈니는 이 녀석들을 유심히 관찰했다. 녀석들은 디즈니가 빵가루를 던져주자 그에게 다가와 빵을 먹기도 했다. 그렇게 해서 디즈니는 쥐들과 친해졌다. 그런데 이 녀석들의 발을 자세히 들여다보던 디즈니는 생쥐의 앞발가락이 네 개라는 사실을 알게 되었다. 쥐의 앞발가락이 네 개라는 사실을 알고 있는가? 종류에 따라 차이는 있지만 실제로 쥐의 앞발가락은 네 개다. 하지만 쥐의 발가락까지 세어보는 사람이 드물기에 대부분이 이러한 사실을 모르고 있다. 디즈니의 놀라운 관찰력이 미키마우스의 '네 손가락'을 탄생시킨 것이다.

무언가를 '본다'는 행위는 대단히 사소해 보이지만, 깊이 있게 들여다보는 관찰을 통해 새로운 사실을 발견할 수 있다. 또 이 세상이 돌아가는 이치를 관찰하다 보면 어떤 문제를 해결하는 실마리를 찾을 수도 있다. 남들이 무심코 지나치는 것을 깊이 들여다보라. 거기에서 새로운 기술이 나오고 세상을 바꾸는 아이디어가 탄생하며 창의력이 길러진다. 오늘날의 문명을 만든 모든 발명과 발견이 바로 이 관찰에서부터 비롯되지 않았는가.

# 박지성의 발에 숨겨진
# 비밀 코드

우연한 기회에 박지성 선수의 발을 본 적이 있다. 우리나라가 낳은 대표적인 축구선수 가운데 한 명이고 2002년 한일 월드컵 4강 신화의 주역이며 영국 프리미어리그를 휘젓고 다녔던 그의 발은 울퉁불퉁했다. 지금껏 수많은 사람의 발을 봐왔지만, 그처럼 험한 발을 본 것은 흔치 않았다. 그의 발은 힘줄이 튀어나오고 발가락이 기형적으로 굽어 있었다. 발바닥에는 온통 누런색의 굳은살이 잡혀 있었다. 박지성 선수는 하루에 3,000번 이상 볼을 터치하는 훈련을 했다고 한다. 박지성의 발에는 그가 쏟은 땀과 노력, 인내가 고스란히 새겨져 있었다.

마라토너인 이봉주 선수의 발도 마찬가지다. 그는 2000년 도쿄 국제 마라톤에서 2시간 7분 20초의 기록을 세웠다. 이 기록은 아직도 깨지지 않고 있는 우리나라 마라톤 최고 기록이다. 그런데 이봉주 선수가 은퇴를 선언하고 기자회견을 하면서 했던 말이 지금도 잊히지 않는다. 그는 선수 생활을 하면서 가장 힘들었던 때가 언제였느냐는 기자들의 물음에 마라톤화 속에 들어온 작은 모래알과 싸우며 뛰어야 했던 것이라고 회고했다. 그뿐만이 아니다. 나는 몇 년 전에 '4전 5기 신화'의 주인공인 권투선수 홍수환의 경험담을 들은 적이 있다. 그는 사각의 링에서 느꼈던 발의 고통에 대해 다음과 같이 털어놓았다.

"한번은 스폰서 업체에서 준 새 권투화를 신고 시합을 하는데, 스텝을 밟을 때마다 발이 너무 아팠습니다. 그 고통이 상대방에게 펀치를 맞는 것보다 더 심했습니다."

그 이야기를 들은 사람들 대부분이 웃음을 터뜨렸지만, 나로서는 가볍게 넘길 수가 없었다. 신발이 얼마나 중요한지를 단적으로 보여주는 이야기였기 때문이다.

인간의 발에는 발목과 발가락을 포함한 28개의 뼈와 52개의 관절이 있다. 이 뼈를 둘러싼 56겹의 힘줄과 38줄의 인대 등 94개의 근육도 있다. 이들이 유기적으로 작용해서 우리의 몸무게를 지탱해주는 주요 신체 기관이 발이다. 우리 몸에서 발이 아주 중요하듯이 이런 발을 보호해주는 신발도 중요하다. 이봉주 선수와 홍수환 선수의 예에서 보듯 신발은 약이 되기도 하고 독이 되기도 한다. 오죽하면 옛말에 '근심 많은 사람에게 발에 맞지 않은 신발을 주라'고 했을까.

발에 신경 쓰다 보면 근심할 틈이 없어진다는 뜻이다.


## 이 지구상에 똑같은 발은 없다

2016년 3월 기준, 세계 인구는 74억 명에 이른다. 74억 명의 사람 중에 똑같은 얼굴을 가진 사람은 단 한 명도 없다. 한날한시에 태어난 일란성 쌍둥이도 얼굴이 다르다. 발도 마찬가지다. 과연 74억 인구 중에 똑같은 발 모양을 가진 사람이 얼마나 있을까? 나는 없다고 확신한다.

사람의 얼굴이 그렇듯 발 모양도 제각기 다르다. 박지성이나 이봉주 선수의 발처럼 울퉁불퉁한 모양의 발이 있는가 하면, CF에 출연하는 광고 모델의 매끈하게 빠진 발도 있다. 발바닥이 편평한 발이 있는가 하면 오목한 발이 있고, 길쭉한 발이 있는가 하면 마당쇠 발처럼 넓적하고 뭉툭한 발도 있다. 그런데 신발 매장에 진열된 신발들은 이처럼 사람마다 제각각 다른 발 모양은 고려하지 않고 사이즈만 달리하고 있다. 단지 크기에만 맞추고 있으니 발이 편할 리 없다. 그런데도 사람들은 자신의 발 모양에 상관없이 사이즈가 맞으면 그것으로 만족한다.

나는 새로운 신발을 연구하면서 앞으로는 발에 신발을 맞추는 시대가 올 것으로 예상했다. 신발에 발을 맞추는 것이 아니라, 양복점에서 옷을 맞추듯 신발도 그러한 맞춤 시대가 오리라고 생각했다. 즉 '맞춤 신발'의 시대를 내다본 것이다.

우리 회사의 AS센터에 들어오는 신발에는 한 가지 공통점이 있다. 대부분 신발 안창의 체중을 많이 받는 부분이 움푹 패어 있다. 새 신발을 신고 오랜 시간이 흐른 뒤에야 각자의 발 모양에 맞게 신발의 모형이 변하는 것이다. 나는 여기에 착안해 처음 신어도 오래 신은 듯 발에 딱 맞는 편한 신발을 만들고 싶었다. 사람마다 발의 모양이 다르니 분명 이런 신발을 만들면 사람들에게 큰 호응을 얻을 것이라고 기대했다.

'이 지구상에 똑같은 발은 없다!'

내가 맞춤 신발에 착안하게 된 것은 그와 같은 이유 때문이었다. 발 모양에 가장 가까운 신발을 미리 만들어놓으면 어떨까? 그렇게만 할 수 있다면 사이즈에 상관없이 자신의 발 모양에 맞는 신발을 편하게 신을 수 있을 것이다.


## 인간의 표준 발을 찾기 위한 대장정

맞춤 신발을 착안하고 내가 처음 착수한 작업은 신발의 가장 바탕이 되는 신골(신발을 만드는 틀)을 한국인의 체형에 맞게 제작하는 것이었다. 발의 실제 관절 모습과 똑같이 입체적으로 제작된 신골을 만들기 위해서는 방대한 양의 발 샘플이 필요했다. 그래서 나는 우선 5천여 명의 발 샘플을 채집하기로 했다. 그 데이터의 평균을 표준으로 삼아 인간의 발 모양에 가장 가까운 신발을 만들기 위한 작업이었다.

가장 먼저 회사 직원들의 발 모양을 채집했다. 컴퓨터로 발 모양을 스캐닝하고 이를 본떠서 컴퓨터에 저장했다. 개발팀은 보다 많은 발 샘플을 채집하기 위해 인파로 북적이는 부산 서면 로터리와 광복동, 해운대로 진출했다. 이른바 한국인의 표준 발 모양을 찾기 위한 대장정이 시작된 것이다.

개발팀은 200킬로그램이 넘는 특수 스캐너를 가지고 거리로 나가 사람들의 발 데이터를 일일이 수집했다. 그러나 시민들의 반응은 그리 호의적이지 않았다. 시민들은 신발이나 구두를 벗고 또 양말을 벗는 것을 무척 귀찮게 여겼다. 하긴 길거리에서 신발과 양말을 벗고 발을 드러내는 것은 쉬운 일이 아니다. 개발팀은 하루 종일 부산 번화가를 누볐지만 고작 1백여 명의 발 샘플만 채집했다. 나는 궁리 끝에 묘안을 짜냈다.

'한국인의 표준 발을 위하여! 여러분의 발을 보여주면 사은품을 증정하겠습니다.'

특수 스캐너 앞에 위의 문구가 새겨진 작은 현수막을 내걸자 사람들이 제법 모여들기 시작했다. 발 모양을 채집하기 위해 협조해준 사람에게는 수건과 양말 등을 사은품으로 증정했다. 그렇게 부산 시내를 돌아다닌 결과 두 달 만에 5천여 명의 발 샘플을 채집할 수 있었다.

하지만 목표치인 5천여 명으로는 성에 차지 않았다. 그래서 그보다 4배가 많은 2만여 명으로 목표를 상향 조정했다. 기왕에 나선 걸음, 한국인의 발 표준만이 아니라 세계인의 발 수집에도 나서기로 했다. 그래서 일본 후지산 앞의 등산로에서 일본인의 발 샘플을 채집했다. 또 이탈리아와 스페인으로 날아가 유럽인들의 발 샘플을 채집했다.

마침내 목표치인 2만여 개의 발 샘플이 채집되었다. 우리나라는 물론 일본과 중국, 이탈리아, 스페인 등 세계 각국의 발들이 총망라되었다. 무려 1년여의 기간이 걸린 대장정이었다.


## 마사이족은 왜 디스크 환자가 없을까


신발은 원래 발을 보호하기 위한 목적으로 발명되었다. 숲속의 험한 길이나 극지대의 차가운 얼음 위를 걸으면서도 발을 다치지 않도록 동물의 가죽이나 튼튼한 잎을 엮어 발을 감싼 것이 신발의 기원이었다. 하지만 시간이 흐르면서 신분을 나타내는 도구로, 혹은 스타일이나 패션을 드러내기 위한 액세서리로서의 기능이 한층 강화되면서 신발이 지닌 원래의 목적은 조금씩 퇴색되었다. 지금은 충격적으로 보일 수밖에 없는 중국의 전족纏足도 당시에는 예쁘게 보이기 위한 스타일의 대명사였다.

요즘의 신발은 발의 편리성보다는 대부분이 디자인에 치중하고 있다. 매장에 진열된 화려한 신발들은 사람들의 눈을 유혹한다. 신발의 고유 기능을 제쳐두고 미적인 감각에만 치중하고 있는 것이다. 나는 신발의 미적인 디자인에서 벗어나 편리성에 초점을 맞추고 싶었다. 무엇보다 신발은 발이 편해야 하지 않는가.

신발은 맨발과 같은 형상을 가졌을 때 가장 좋은 걸음걸이를 구현할 수 있다. 그러나 21세기 들어서 많은 신발들이 디자인적인 부분만을 추구한 결과 잘못된 보행과 발의 기형을 초래했다. 이에 따라 걸음을 옮기거나 달리기를 할 때 허리와 무릎에 충격을 받아 관절염과 허리 디스크 질환을 유발하고 있다. 실로 신발의 개념을 잘못 인식해 초래한 결과다.

지금도 원시사회의 모습을 간직하고 있는 아프리카 케냐 북부의 마사이족은 요통이나 허리 디스크 환자가 거의 없다. 그 이유는 이들이 항상 올바르고 곧은 자세로 하루 평균 18~24킬로미터를 빠른 속도로 걷기 때문이다.

마사이족 사람들은 신발도 신지 않고 자연 상태인 맨발로 지면을 밟으면서 몸의 균형을 유지한다. 그런데 이들에 비해 현대 문명인들은 움직이는 시간보다 앉아 있는 시간이 더 많다. 교통수단의 발달로 걷는 시간이 적어지고 육체적 노동을 많이 하지 않는다. 즉 마사이족보다 요통으로 고생하기 쉬운 생활 패턴에 길들여진 것이다. 이 때문에 요통은 문명병이라고 불리기도 한다. 따라서 현대인들이 요통과 척추 관련 질환을 예방하기 위해서는 항상 바른 자세를 유지하고 편한 신발을 신어 허리의 긴장을 풀어주어야 한다. 무엇보다 맨발과 다름없는 신발이 필요한 것이다.

## 한국인의 표준 발 모양을 찾다

트렉스타 개발팀은 오로지 편한 신발을 만들겠다는 일념으로 2만여 명의 발 샘플을 치밀하게 연구했다. 국내 최초로 본격적인 표준 신골 개발 작업이 시작된 것이다. 개발팀이 연구하기 전까지만 해도 한국인의 발 모양을 체계적으로 정리한 데이터는 존재하지 않았다. 한국인의 발은 대체로 골이 넓고 발등이 높다고 알려져 있을 뿐이었다.

데이터를 토대로 실제 신골 제작에 들어갔다. 그러나 초기 제작은 수월하지 않았다. 발가락 길이와 폭 등 발 모양이 각기 다르기 때문에 평균 수치를 잡기가 매우 힘들었다. 그러나 개발팀은 2년간 취합한 정보를 다각도로 분석한 끝에 가장 평균적인 발 모양을 드디어 찾아냈다. 신발을 신은 상태에서도 발의 28개 뼈와 52개 관절이 자유롭게 제 구실을 할 수 있도록 사람의 발 외형(등고선)에 맞게 신골을 만든 것이다. 이는 발뒤꿈치보다는 발가락 부분이 더 넓은 형태다. 발의 모양과 달리 앞쪽이 들린, 정형화된 기존 신골과 달리 실제 발 모양 그대로 만들었다.

그 결과 서양인과 동양인의 차이가 구체화되었다. 발 크기가 265밀리미터인 사람의 경우를 비교하면 길이는 한국인의 신골이 짧은 반면 골 둘레와 발등 둘레는 서양인 신골보다 각각 8밀리미터, 3밀리미터씩 넓은 것으로 나타났다. 등산화를 처음 신었을 때 발등이나 골이 아팠던 이유는 대부분 인체를 고려하지 않은 신골에 기인한 것이었다. 그렇게 오랜 연구와 개발 과정 끝에 한국인의 신골에 대한 체계적인 데이터가 완성되었다. 당시 이 프로젝트에 투입된 금액이 무려 20억 원에 이르렀다. 중소기업으로서는 엄청난 투자를 한 결과였다.

## 네스핏에 쏟아진 찬사

개발팀은 이 프로젝트의 이름을 '네스핏Nestfit'이라고 명명했다. 이는 알을 포근하고 따뜻하게 품는 새둥지nest처럼 발을 편안하게 감싸는 것을 의미한다.

네스핏은 디자인에만 치중해 신발에 발을 맞추는 업계의 기존 관행을 깨뜨렸다. 발의 실제 모양과 똑같이 입체적으로 제작된 라스트

(신골: 발의 모양을 본뜬 것)와 인솔(안창), 미드솔(중창), 아웃솔(밑창)을 일체화하는 특허 제조공법이 도입되었다. 신발산업진흥센터의 연구 결과에 의하면 네스핏 기술로 만들어진 신발을 신고 걸을 때 발에 가해지는 압력이 23퍼센트, 근육 피로도가 31퍼센트 감소되는 것으로 나타났다.

네스핏은 2009년 7월 독일 프리드리히샤펜에서 열린 '2009 아웃도어 쇼', 미국 솔트레이크시티에서 열린 'OR쇼Outdoor Retail Show'에 첫선을 보여 세계 신발업계의 주목을 받았다. 11월에는 아시아 최초로 부산 벡스코에서 열린 국제첨단신발부품전시회BISS의 세계 국제첨단신발기능경진대회에서 5개국 33개 브랜드 제품 중 대상을 수상했다. 심사위원은 네스핏 기술이 기존 일반 신발과 비교해 기술적 우위에 있으며, 인간 친화성을 극대화한 제품이라고 평가했다.

또한 네스핏은 발과 가장 닮은 신제품으로 세계 3대 스포츠용품 박람회에서 대상을 수상하는 명예를 안았다. 대한민국 신발업계에서는 유일하게 세계 20대 명품 브랜드에 선정되었으며, 세계적인 아웃도어 전문 저널인 〈백페커Backpacker magazine〉로부터 2011년 에디터스 초이스Editor's Choice 2011로 선정되는 영예를 누렸다. 에디터스 초이스는 〈백페커〉에서 매년 4월에 가장 혁신적인 디자인과 성능을 갖춘 아웃도어 장비를 엄선해 수여하는 상이다. 네스핏 에볼루션은 2010년 11월 미국의 최신 기술 제품들을 전문적으로 다루는 라이프 스타일 전문 저널인 〈멘즈저널Men's Journal〉을 통해서도 미국 시장 내 '최고의 제품Best Gear of the Year'으로 삼성 카메라와 함께 선정되었다. 세계 아웃도어업계는 트렉스타 개발팀의 기술과 노력에 찬사를 아끼지 않았다.

# 가장 강력한 브랜드는
## 당신 자신이다

"

누군가가 만들어놓은 길 위에서

익숙하고 편안한 곳만 오가는 것은

어쩌면 그 길에 갇혀 있는 것인지도 모른다.

"

# 새로운 출발선에
# 서다

나는 직장 생활을 하면서 단 한 번도 창업을 하겠다는 생각을 해본 적이 없었다. ㈜세원에 입사하여 사회 생활을 시작한 이후로 줄곧 주어진 환경에 만족했다. 바이어들을 만나 상담하고 접대하는 일이 힘들기는 했지만, 해외업무 담당자로서 보람을 느낀 적도 많았다. 일에 대한 성취감이 컸고 젊은 날의 내 열정을 어딘가에 쏟을 수 있다는 사실 자체만으로도 즐거웠다. 회사는 내가 일할 수 있는 환경을 만들어주었고, 성취감을 느낄 수 있도록 두둑한 성과급과 승진으로 보상해주었다. 나는 그 어떤 직장인보다 행복했다. 신발업계와 인연을 맺도록 해준 이 회사에 뼈를 묻을 각오까지 하고 있었다. 그런데 어느 날, 뜻밖의 전화 한 통이 걸려왔다.

"미스터 권, 저녁 식사나 함께 합시다."

전화를 한 사람은 하이텍의 바이어였다. 하이텍은 영국의 중견 등산화 제작 업체로, ㈜세원과도 좋은 관계를 유지하고 있었다. 나는 뜻밖의 전화에 다소 의아했다. 바이어가 먼저 나서서 식사를 하자고 제안한 적은 거의 없었다. 국내에 거주하는 바이어들은 대부분 비즈니스에 능수능란해서 먼저 나서서 만나자고 제의를 하는 편이 아니었다.

"아무에게도 알리지 말고 혼자 나오시오."

평소와는 느낌이 달랐다. 나는 그가 매우 중요한 얘기를 할 것 같다는 짐작을 했지만, 어떤 용건인지는 도무지 알 수가 없었다. 혼자 나오라는 그의 말로 봐서 통상적인 비즈니스 얘기일 것 같지는 않았다.

해운대 근처의 일식집에 들어서자, 종업원이 나를 구석진 밀실로 안내했다. 방음이 잘 되어 있는 밀실 안에는 두 명의 낯익은 얼굴이 앉아 있었다. 하이텍의 바이어들이었다.

"어서 오시오, 미스터 권."

그들은 예전과 달리 나를 깍듯하게 대했다. 나는 그들의 예상치 못한 호의에 경계심을 늦추지 않았다.

"무슨 일인데 저를 보자고 한 겁니까?"

식사가 나오기 전에 내가 먼저 용건을 물었다. 그들도 그들대로 단도직입적으로 나왔다.

"창업을 해보는 건 어떻습니까?"

창업이라니! 그들의 입에서 그런 소리가 나오리라고는 전혀 예상하지 못했다.

당시 우리나라는 거의 모든 산업 분야에 걸쳐 인건비가 급상승 중이었고 하이텍은 원가 부담을 덜기 위해 관리 비용이 적은 공장으로 거래 선을 바꿔야 할 입장이었다. 부산의 신발업계에서는 인건비 상승으로 인해 신발 생산원가가 동반 상승하고 있었다. 하이텍이 내게 창업을 권유한 이유는 간단했다. 평소 돈독한 신뢰관계를 유지해왔던 나에게 새로운 회사를 창업해줌으로써 좀 더 낮은 가격의 신발을 제공해달라는 것이었다.

## 창업 지원의 유혹을 뿌리치고

"노!"

나는 일언지하에 거절했다. 한창 회사도 커나가고, 영업 책임자로서 일에 재미를 느끼던 터라 창업에는 전혀 관심이 없었다. 그러나 하이텍의 창업 권유는 끈질겼다. 그들은 이틀에 한 번 꼴로 나에게 전화를 걸어왔다. 그러고는 자신들의 본심을 보여주기 위해 애를 썼다. 무엇보다 나를 놀라게 한 것은 그들이 제시한 창업 지원 조건이었다.

"당신이 수락한다면 창업 자금으로 30만 달러를 지원하겠소."

30만 달러는 엄청난 금액이었다. 당시 내 월급이 22만 원 정도였다. 요즘 시세로 하면 약 30억 원에 가까운 돈이었다. 나는 하이텍의 창업 지원 금액의 규모를 듣고 놀라움을 금치 못했다. 내 마음을 떠보려고 제시한 금액이 아니었다. 창업을 전혀 생각하지 않았던 나로서도 조금씩 흔들리기 시작했다. 지금이야말로 하늘이 내게 내린 절호의 기회가 아닐까.

솔직히 나는 창업을 할 아무런 마음의 준비가 되어 있지 않았다. 하이텍에서 30만 달러라는 거금을 지원해준다고 하지만, 돈이 있다고 해서 모든 일이 해결되는 것은 아니었다. 그때만 해도 부산의 신발업계에서는 영업을 하던 사람이 공장을 차려 회사를 나가는 경우가 거의 없었다.

나는 무엇보다 몸담고 있는 회사가 마음에 걸렸다. 세원은 나를 채용하고 또 나에게 새로운 길을 열어준 마음의 고향과도 같은 회사였다. 제아무리 하이텍의 창업 지원 조건이 좋아도 그런 회사를 배신하고 창업할 수는 없었다.

"미안합니다. 당신들의 뜻은 잘 알겠지만, 나를 키워준 회사를 떠날 수는 없습니다."

나는 이번이 마지막 결정이라는 듯 정중하게 사양했다.

"그러면 세원 회장을 직접 만나 말해보는 것은 어떻습니까? 솔직하게 당신의 생각을 세원 회장에게 말해보십시오."

내가 여러 차례 창업 제안을 거절하자, 하이텍의 바이어는 세원 회장을 만나보라고 권유했다. 내 마음을 꿰뚫고 있던 그들은 세원 회장에게 창업에 대한 의견을 나눠보라는 것이었다. 나는 오랜 고민 끝에 세원 회장을 찾아갔다. 일단 내 의사를 전달한 후 세원 회장의 결정에 따를 생각이었다.


## 빨리 망하고 돌아오라


"창업을 하겠다고?"

세원 회장은 창업을 해보겠다는 내 말에 조금은 당황한 표정을 지었다. 나는 하이텍의 바이어들을 만난 것과 그들이 제시한 창업 지원금 등 있는 그대로 세원 회장에게 털어놓았다.

"허허, 좋은 기회로구먼. 며칠 동안 얼굴이 좋아 보이지 않더니 그걸 고민한 게로군."

세원 회장은 노련한 기업가답게 내 속마음을 훤히 읽고 있었다.

"제가 창업하기에는 여러모로 부족합니다만…… 이런 기회는 쉽게 올 것 같지가 않습니다."

"해보게. 젊었을 때 창업하는 것도 괜찮지. 대신 조건이 하나 있네. 빨리 망하고 다시 내게로 돌아오게. 자네 자리는 언제든 비워두겠네."

하이텍이 나에게 창업을 권유하고 자금까지 지원한 것도 놀라운 일이지만, 세원 회장의 빠른 결정이 나를 더욱 놀라게 했다. 세원 회장은 회사에서 일하던 대로 전력을 다하면 반드시 성공할 것이라는 격려의 말도 아끼지 않았다. 사실 나는 세원 회장이 창업을 만류하면 그의 결정에 따를 생각이었다. 그런데 그는 내 염려와는 달리 선뜻 창업을 승낙해주었다.

세원 회장의 허락이 떨어진 뒤 나는 창업의 길로 들어섰다. 이제 직장인에서 한 기업의 책임자가 된 것이다. 1988년, 나는 개인적으로 모아둔 3,000만 원을 들고 부산 사상구 삼락동에 공장을 전세로 얻었다. 하이텍이 지원해준 자금이 그때 우리 돈으로 2억 5,000만 원쯤 됐는데, 이런저런 생산설비를 구입하는 데 1억 7,000만 원을 쓰고, 8,000만 원은 은행에 예치했다.

나는 창업 날짜를 백년에 한 번 찾아온다는 길일로 택했다. 1988년 8월 8일 오전 8시 8분에 공장 문을 열었다. 우리 회사의 전 직원은 사무직 6명, 생산직 60명이었다.

회사의 문을 연 지 얼마 되지 않아 나는 하이텍의 바이어를 다시 만났다. 그때 나는 그에게 창업 지원을 할 인물로 왜 나를 선택했는지 물었다.

"미스터 권이라면 믿을 수 있기 때문입니다. 우리는 신뢰를 가장 중요하게 여기고 있습니다."

그의 말을 듣는 순간 막중한 책임감을 느꼈다. 나를 믿고 30만 달러라는 거금을 투자한 그들에게 실망을 안겨서는 안 된다는 생각이 들었다.

창업 초기, 회사는 엄격한 품질 관리를 기반으로 성장에 속도를 올렸다. 사장과 말단 직원이 따로 없었다. 나는 매일 공장에서 살다시피 하면서 궂은일도 마다하지 않으며 사업을 키워나갔다. 하이텍에서 빌린 돈은 납품하는 등산화 한 켤레 당 1달러씩 깎아내는 방식으로 갚아나갔다. 나는 창업 자금을 1년이 안 돼 모두 갚아 더 깊은 신뢰를 쌓아나갔다.


## 신개념 인라인스케이트에 도전하다

성호실업을 창업한 뒤로 하이텍의 지원과 정기적인 주문으로 인해 회사는 오래지 않아 안정권에 접어들었다. 회사가 커지고 일이 많아지면 보람과 기쁨이 커지지만, 그만큼 고통도 커지는 법이다. 1990년대 들어 새로운 분야에 도전하면서 나는 고통과 기쁨을 한꺼번에 맛보았다. 나에게 고통과 기쁨을 동시에 안겨준 물건은 인라인스케이트였다. 지금도 그때의 일을 떠올리면 가슴이 뭉클해진다. 이 인라인스케이트를 통해 좌절을 맛보기도 했고, 또 그런 좌절 속에서 한 줄기 희망을 발견하기도 했다.

인라인스케이트는 우리 회사가 보다 높은 곳으로 도약할 수 있는 밑거름이 되었지만 한편으로는 그로 인해 최악의 경영 위기를 맞기도 했다. 내가 신제품에 목말라 하는 것도 인라인스케이트를 만들면서 가졌던 경험에서 비롯되었다. 하지만 인라인스케이트는 내게 '안

되면 되게 하라'는 강한 자신감과 함께 용기와 신념을 북돋아준 소중한 기회였다.

1993년 5월, 미국의 스포츠용품 브랜드인 K2 개발팀이 나를 찾아왔다. K2는 세계 굴지의 스포츠용품 회사다. 당시 나는 이제 겨우 신발 OEM 업체로 자리를 잡아가고 있었다.

"미스터 권, 이게 뭔지 아십니까?"

그들은 나를 만나자마자 대뜸 가방 안에서 바퀴가 달린 커다란 부츠를 꺼냈다. 그들이 내민 물건이 바로 인라인스케이트였다.

1980년대에 한국을 휩쓸었던 롤러스케이트 열풍이 시들해진 뒤로는 롤러스케이트를 즐기는 사람을 거의 본 적이 없었다. 이후로 롤러스케이트보다 한층 업그레이드된 인라인스케이트라는 것이 만들어졌다는 사실은 알고 있었지만 실물을 본 것은 그때가 처음이었다. 선진국에서는 누구나 즐기는 레저용품이었지만, 1993년 당시만 해도 우리나라에는 인라인스케이트에 대한 대중적인 개념이 없었고 제품이 유통되지도 않았다.

"이것은 인라인스케이트 아닙니까?"

"그렇습니다. 우리는 이 인라인스케이트를 당신과 함께 개발하고 싶어서 이곳에 찾아왔습니다."

그러니까 K2 개발팀이 내민 인라인스케이트보다 더 가벼운 제품을 만들자는 제안이었다. 딱딱하고 무거운 인라인스케이트를 운동화처럼 부드럽고 편한 형태로 만들어 세계 시장을 공략해보자는 것이었다. K2가 유수의 신발업체를 제쳐놓고 우리 회사를 택한 것은 일찍부터 우리의 등산화 제조기술을 눈여겨봤기 때문이었다.

나는 반대도 찬성도 하지 않았다. 일단 그들에게 사흘간의 시간을 달라고 요청했다. 그들이 놓고 간 인라인스케이트는 겉으로 보기에도 무겁고 딱딱해 보였다. 당시 인라인스케이트는 스키 부츠처럼 딱딱한 것이 당연시되던 시절이었다.

'이 무거운 부츠를 운동화처럼 가볍게 만들자는 것이로군.'

나는 불현듯 호기심이 생겼다. 나는 원래 도전을 좋아하는 편이다. 기존의 제품을 과감하게 혁신하여 신제품을 개발하자는 것이 구미에 당겼다.

그때까지 우리 회사는 기존의 신발을 OEM 방식으로 만들어 주문처에 납품하는 것이 주된 업무였다. 우리 회사뿐만 아니라 부산의 모든 신발업체가 그랬다. 어느 누구도 새로운 제품을 만들려고 하지 않았고, 그런 시도를 해보려고 하지도 않았다. 그저 주문처에서 요구하는 제품을 단순히 가공하는 일만 해왔다. 그것이 OEM 업체의 오랜 관행이었다.


## 더 높은 곳을 향하여


'이것이 나에게 또 다른 기회가 아닐까?'

호기심은 곧 열의로 변했다. 1988년 창업 이후 우리 회사는 줄곧 신제품 개발에 몰두해왔다. 비록 OEM 업체로서의 한계를 벗어나지 못했으나, 기존의 제품에 좋은 아이디어를 덧입혀 혁신적인 제품을 선보였다. 이런 노력의 결과가 K2 개발팀에도 들어가 인라인스케이트를 함께 개발하자는 제의를 이끌어낸 것이었다. K2는 우리 회사의 혁신적인 제품을 눈여겨보고 있었던 것이다. 나 역시 기존의 신발을 만들면서도 늘 새로운 제품에 도전하고 싶었다. 때마침 그런 기회가 온 것이다. 이런 절호의 기회를 놓칠 내가 아니었다.

K2 개발팀이 다녀가고 이틀 뒤 나는 임직원 회의를 열었다. 신개념 인라인스케이트를 개발할지를 결정하는 회의였다.

"지금까지 이 부츠는 딱딱해서 신기도 불편하고 공기도 잘 안 통했대이. 이 부분을 가벼운 신발로 만들면 대히트를 칠 기다."

나는 직원들 앞에서 새로운 개념의 인라인스케이트에 대해서 역설했다. 그러나 직원들의 반응은 차가웠다.

"뭐 할라꼬 모험을 합니꺼? 지금 등산화나 운동화로도 잘나가고 있는데예?"

"그렇습니더. 스케이트를 만들라면 공장 시설도 다시 싹 바꿔야 하지 않습니꺼. 무엇보다 우리가 이런 것을 만들 기술이 어디 있습니꺼? 아무리 세계 최초라도 아닌 건 아닙니더."

내 제안을 순순히 받아들이는 직원은 단 한 명도 없었다. 직원들은 가벼운 인라인스케이트를 만들면 크게 성공할 것이라는 소리에도 귀를 기울이지 않았다. 운동화나 일반 신발을 만드는 것만으로도 충분히 회사가 잘 돌아가고 있는데 왜 하필 이런 힘들고 어려운 일을 해야 하는지 의아하게 여겼다.

사실 직원들의 말에도 일리가 있었다. 다른 경쟁 업체들은 딱딱한 부츠를 소프트 부츠로 바꾸자는 K2의 제안을 기술력과 자금 부족을 이유로 들어 하나같이 거절했기 때문이었다. 무엇보다 기술력이 문제였다. 그것은 배를 만드는 선박 회사가 갑자기 자동차를 만드는 회사로 변신하는 것과 같았다. 그때 우리에게는 인라인스케이트의 개념조차 없던 시절이었다. 그러나 나는 직원들의 반대에도 불구하고 새로운 길에 도전했다.

'죽이 되든 밥이 되든 한번 해보는 기다!'

그것은 엄청난 모험이었다. 앞으로 나아가야 할 방향은 분명했다. 현재 세계 시장을 점유하고 있는 부츠 타입의 인라인스케이트를 일반 운동화처럼 가볍게 만들면 성공하리라는 확신이 섰다.

## 인라인스케이트를 타고 지옥과 천국을 넘나들다

'순간의 선택이 10년을 좌우한다.'

이 글귀는 1970년대 한 가전업체의 광고 문구다. 지금 와서 생각해도 참 멋진 카피라는 생각이 든다. 하지만 이 광고 카피를 바꿔서 생각하면 순간의 선택으로 인해 10년을 고생할 수도 있다는 뜻이다. 인생은 선택의 연속이다. 그 무엇이든 잘 선택하면 만사가 형통하지만, 잘못 선택하면 평생 고생길로 접어들 수 있다. 그게 어디 인생뿐이랴. 비즈니스 등 모든 분야도 마찬가지다.

K2 개발팀을 만났을 때 나는 문득 이 광고 카피를 떠올렸다. 내게도 '순간의 선택'을 해야 할 때가 찾아온 것이다. 물론 나는 언제나 그랬듯이 모험의 길을 택했다. 마음의 결정을 내린 후 신기술개발팀이 꾸려졌다. 이번 프로젝트 개발의 관건은 플라스틱 부츠를 운동화처럼 부드럽게 만드는 것이었다.

예상한 대로 출발은 순조롭지 않았다. 인라인스케이트를 구경조차 하기 어려웠던 당시 상황에서 개발팀은 모든 노하우를 스스로 알아내야만 했다. 인라인스케이트는 굴대, 바퀴, 베어링 등의 요소가 첨가되어 신발을 만들 때와는 전혀 다른 공정과 기술을 필요로 했다. 그래도 개발팀은 밤샘을 거듭하는 강행군을 이어갔다. 석 달 동안 회사 내에서 숙식을 해결하며 이 프로젝트에 몰두했다. 경조사가 있을 때를 제외하고는 어느 누구도 집에 들어가지 못했다.

'나의 잘못된 판단 때문에 직원들이 생고생을 하는 것은 아닌가.'

나는 개발팀원들에게 미안한 감정을 감출 수가 없었다. 개발 실패가 거듭되면서 공장의 가동이 중단되는 날이 많아졌다. 실패한 제품들이 공장 구석구석에 방치되어갔다. 얼마 후 우리 회사가 곧 망할 것이라는 소문이 부산 신발업계에 쫙 퍼졌다. 우리 회사가 망하기를 학수고대하던 업체 사장도 꽤 많았다. 회사가 망하면 곧바로 인수하기 위해서였다. 그때 문득 창업할 때 세원 회장이 농담조로 전해주던 말이 떠올랐다.

"빨리 망하고 돌아와라!"

그러나 여기서 주저앉을 수는 없었다. 그런 가운데 K2와의 개발 약속 기간은 점점 다가오고 있었다. 한마디로 진퇴양난이었다. 개발 마감 기간은 다가오는데 자금력이 바닥을 드러내기 시작했다. 나는 직원들의 월급을 구하기 위해 이리저리 뛰어다녔다. 회사가 망할 것이라는 소문이 파다해 돈을 빌리는 것도 쉽지 않았다. 집안 살림만 하던 아내도 팔을 걷어붙이고 나서서는 돈을 빌리기 위해 친척들에게 손을 내밀었다. 그렇게 반년을 버티었다. 마치 십 년은 더 지난 것 같았다.

## 우리가 만들지 못하면 세계도 만들지 못한다

예정된 납품 기한까지 남은 기간은 단 50일뿐이었다. 그 안에 소프트 인라인스케이트 1,000켤레를 만들어야 했다. 다행히 개발 팀은 실패를 거듭하면서도 서서히 시제품 완성을 눈앞에 두고 있었다.

약속한 1,000켤레의 시제품을 만들기 위해 생산라인을 풀가동했다. 마침내 여러 시행착오 끝에 몇 가지 시제품이 탄생했다. 개발팀이 직접 만든 인라인스케이트의 성능을 테스트하기 위해 전 직원이 나섰다. 그러나 1990년대 초반, 직원 중 어느 누구도 인라인스케이트를 타본 사람이 없었다. 직원들은 아스팔트에서 넘어지고 다치면서 인라인스케이트의 성능을 시험했다. 나 역시 인라인스케이트를 타다가 무릎에 큰 상처를 입기도 했다. 그렇게 매일 넘어지고 다치면서 테스트를 반복했다.

약속 기간 10일을 앞두고 마침내 시제품이 완성되었다. 나는 기존의 제품보다 훨씬 가벼운 인라인스케이트를 들고 K2 개발팀을 찾았다.

"오오, 정말 해냈군요! 놀랍습니다."

K2 관계자들은 내가 가지고 간 인라인스케이트를 보고 놀라움을 감추지 못했다. 우리 회사가 만든 인라인스케이트는 기존의 것보다 훨씬 가벼울 뿐만 아니라 디자인 면에서도 우수했다.

"그런데 발이 좀 아프군요. 그래도 이 정도면 크게 문제될 것 없습니다."

나는 K2 관계자의 그 소리가 귀에 거슬렸다. 1년 넘게 개발한 신제품이지만, 발이 아프다고 하면 그것은 완벽한 제품이라 할 수 없었다. 나는 곧장 공장 생산라인으로 가서 가동을 중지시켰다. 이대로는 도저히 완성품으로 출시할 수가 없었다. K2 관계자는 크게 문제될 게 없다고 했지만, 나는 완벽한 제품을 원했다. 그동안 소프트 인라인스케이트를 개발하느라 고생한 팀원들을 위해서라도 최고의 제품을 세상에 내놓고 싶었다.

그때 완벽한 제품을 내놓기까지 폐기한 제품만 해도 1만 5,000켤레였고 돈으로 환산하면 20억 원어치에 달했다. 심한 자금난에 시달릴 때였지만 소비자에게 불편한 신발을 납품한다는 것은 용납할 수가 없었다.

'다시 시작하자. 완벽한 제품이 나올 때까지.'

드디어 1994년 봄, 40억 원의 투자금과 1년 6개월의 연구개발 기간이 소요된 소프트 부츠 인라인스케이트가 출시되었다. 이 인라인스케이트는 플라스틱을 경등산화 재질로 바꾸고 내피를 없앴다. 이에 따라 신발이 훨씬 가벼워진 것은 물론, 통풍도 잘 되고 착용 시에 발이 편했다.

K2는 즉각 우리 회사와 계약을 체결했다. 나는 이 기술로 국제 특허를 냈고, 우리 회사는 K2에 인라인스케이트를 독점 공급하면서 수직 성장의 발판을 마련했다.

1,000켤레의 인라인스케이트가 부산항을 떠나던 날, 나는 오랜만에 미소를 되찾았다. 인라인스케이트를 타면서 넘어지고 다치던 때가 까마득히 옛 일처럼 느껴졌다. 다시 회사로 돌아오면서 나는 속으로 조용히 속삭였다.

'우리가 만들지 못하면 세계도 만들지 못한다.'

순간의 선택이 10년 앞을 밝게 비추었다. 이렇게 인라인스케이트를 성공시킴으로써 몇 년 만에 종업원 200여 명, 연매출 200억 원의 회사가 갑자가 종업원 6,000여 명, 연매출 3,000억 원의 회사로 성장했다.

# '나'보다 좋은 상품은
# 없다

"저는 빌 게이츠와 같은 해에 태어났습니다."

처음 만나는 사람이 내 나이를 물어보면 나는 이렇게 대답한다. 이는 대화의 화젯거리를 만들어줄 뿐만 아니라 빌 게이츠라는 세계적인 브랜드의 가치를 활용하여 상대방에게 '나'라는 인물에 대한 인식을 강하게 심기 위해서다.

아무리 좋은 상품이 있어도 이를 제대로 알리지 못하면 그 상품의 가치를 정당하게 인정받을 수 없다. 비즈니스 세계에서 개인을 알리는 데 있어서도 '나'라는 '상품'이 지니고 있는 가능성과 매력을 잘 표현해야만 상대에게 강한 인상을 심어주고 그로 인해 좋은 관계를 이어갈 수 있다. 나만의 '브랜드'를 체계적으로 구축해 이런 장점을 상대에게 어필하는 것이다. 자신이 명품으로 남을 것인지, 아

니면 평범한 상품으로 남을 것인지는 표현 능력에 달려 있다고 해
도 과언이 아니다.

## 정주영 회장은 어떻게 자기 연출에 성공했는가

'자기 연출'과 '자기 PR'은 자신을 제대로 표현하고 설명할 수 있
는 능력이다. 이러한 능력은 상대에게 자신의 이미지나 개성을 전달
하는 데 유력한 수단을 제공한다. 그러나 많은 사람들이 일생의 방
향을 결정하는 중요한 곳에서조차 자기 PR을 천편일률적으로 해버
리고 만다. 이것은 지극히 유감스러운 일이다. 자기 PR은 개개인의
중요한 관심사일 뿐만 아니라 자신의 모습이 상대에게 어떻게 비춰
지며, 어떤 이미지로 남는지를 결정하는 잣대가 된다.

나는 '자기 연출'이란 말을 사용할 때 종종 현대 그룹의 창업자인
정주영 회장을 사례로 든다. 많은 사람이 불가능한 일이라고 여긴 일
을 정주영 회장은 자신만의 독특한 PR로 상대에게 강한 인상을 심
어줌으로써 이루어냈다.

1970년, 우리나라 경제가 한창 발전을 거듭할 때의 일이다. 당시
우리 정부는 중화학공업을 육성하기 위한 여러 조치를 발표했다. 그
중 하나가 조선소를 건립하는 계획이었다.

정주영 회장은 울산에 다녀온 후 이곳의 모래벌판에 조선소를 세

워야겠다고 결심했다. 그러나 어느 누구도 정 회장의 말에 귀를 기울이는 사람이 없었다. 조선소를 짓기 위해서는 엄청난 금액의 자본이 필요했다. 당시 우리나라는 자본도, 기술도 없던 후진국이었다. 따라서 조선소를 건립하기 위해서는 외국으로부터 돈을 빌리는 수밖에 없었다. 조선소 건설에 필요한 비용은 4,500만 달러로, 이는 당시 우리나라 1년 예산의 절반에 해당할 만큼 엄청나게 큰 액수였다. 대부분의 사람들이 불가능한 일이라고 생각했지만 정 회장은 조선소 건립을 포기하지 않았다.

정주영 회장의 선택은 무모한 계획으로밖에 보이지 않았다. 과연 후진국의 한 기업인에게 누가 무얼 믿고 그 큰돈을 빌려주겠는가. 그러나 정 회장의 뚝심은 바로 자신감, 즉 자기 연출에서부터 시작되었다.

정 회장은 조선소가 세워질 울산의 모래벌판을 찍은 사진 한 장과 거북선 그림이 그려진 5백 원짜리 지폐 한 장을 들고 세계 금융의 중심지인 런던으로 향했다. 꼼꼼하고 까다롭기로 유명한 영국의 금융인을 만난 자리에서 정 회장은 지폐 속의 거북선을 가리키며 이렇게 말했다.

"우리 선조는 이미 오백 년 전부터 배를 만드는 데 매우 우수한 기술을 가지고 있었습니다. 이 지폐에 그려진 거북선이 바로 우리 선조가 만든 배입니다. 거북선은 세계 최초의 철갑선으로 전쟁 당시에 혁혁한 공을 세워 전쟁을 승리로 이끌었습니다. 선조의 피를 이어받

은 우리 후손도 자본력만 뒷받침된다면 조선소를 지어 세계가 놀랄
만한 배를 만들어낼 수 있습니다."


## 자신감으로 얻어낸 정주영 회장의 쾌거

정 회장은 자신감에 찬 얼굴로 영국 금융인들을 설득했다. 그는 얼
마 지나지 않아 아무도 믿지 못할 일을 해냈다. 조선소 건립에 필요
한 4,500만 달러를 빌린 것이다.

물론 이 사례가 세간에 알려진 이야기처럼 간단하게 이루어진 것
은 아닐 것이다. 세인들은 알지 못하는 숱한 우여곡절 끝에 정 회장
이 영국의 금융인으로부터 돈을 빌렸을 테지만, 그것은 차치하고라
도 정 회장의 PR 방법은 지금도 우리에게 시사하는 바가 크다. 정 회
장은 가장 명확하게 자신의 이미지를 연출했고, 그런 그의 능력이
영국 금융인들의 마음을 움직였다. 이를테면 그 특유의 배짱과 PR이
절묘하게 맞아떨어졌던 것이다.

그렇다면 정 회장이 자신을 어필할 수 있는 근본적인 방안은 어디
에서 온 것일까? 그것은 바로 자신감이다. 자신감이 없었다면, 과연
세계 경제를 움직이는 영국 금융인을 설득할 수 있었을까? 자신감
은 자기 연출에 있어서 가장 기본적인 심리 상태다. 자신감을 상실
한 사람은 자신을 당당하게 PR할 수 없고, 오히려 자신의 단점만 노

출시킨다. 자신감을 가진 사람은 어떤 일이든 의욕을 가지고 시작하며 대화의 분위기를 자신의 페이스로 이끌어간다. 정 회장은 거북선을 만든 우리 선조의 뛰어난 기술력과 그 특유의 자신감을 절묘하게 결합시켜 상대로부터 얻고자 하는 것을 이끌어낸 것이다.

또 다른 예는 소프트뱅크의 창업자인 손정의에게서 찾을 수 있다. 20대의 손정의가 미국에서 유학할 때의 일화다. 그는 말하고 싶은 내용을 일본어로 입력하면 곧장 영어로 번역되어 나오는 포켓용 컴퓨터를 발명했다. 그는 이 자동번역기를 일본의 샤프에 팔려고 일본으로 돌아갔다.

당시 일개 유학생 신분에 지나지 않던 그가 대기업을 공략할 수 있을까? 손정의는 도전정신과 패기가 충만해 있었지만 당시 전자업계의 왕자로 군림하던 샤프의 어느 누구도 대학생에 불과한 이 젊은이를 거들떠보지 않았다. 그러나 손정의는 포기하지 않고 정공법과 우회법을 동시에 활용하면서 샤프 측에 접근해갔다.


## 감동과 열의가 상대의 마음을 움직인다


그는 무엇보다 자신의 상품 가치를 알려야겠다고 생각했다. 이른바 자기 연출 작업에 들어간 것이다.

손정의는 샤프 측에 자신의 존재를 알리기 위해 포켓용 컴퓨터에 대해서 설명하는 데 그치지 않고 자신이 가진 꿈과 야망 그리고 앞으로 펼칠 미래의 비전을 편지에 적어 보냈다. 편지에는 자기소개도 솔직하게 썼고, 장래의 꿈에 대해서도 진솔하게 털어놓았다. 그는 샤프 측에서 반응을 보일 때까지 포기하지 않고 끊임없이 문을 두드렸다. 편지의 내용도 조금씩 변화를 주면서 자신의 생각과 가치관을 담아 보냈다. 그로부터 두 달 후 그가 보낸 편지의 효력이 나타나기 시작했다. 그의 편지에 담긴 열의에 감동을 받은 샤프의 중역진이 손정의를 만나자고 한 것이다. 당시 일본 업계의 관행으로 볼 때 이 일은 신선한 충격이 아닐 수 없었다. 일개 유학생 신분으로 찾아온 신인 발명가를 대기업의 중역진이 직접 만나는 것이 업계에서는 보기 드문 일이었던 것이다. 얼마 후 손정의가 발명한 자동번역기는 샤프에 1억 엔에 팔렸다. 그것이 일본 업계에 손정의라는 이름을 처음 알리게 된 계기였다.

정주영 회장의 자기 연출이 배짱과 자신감이 바탕이 된 것이라면, 손정의 회장은 감동과 열의로서 자신의 존재를 알렸다. 자신의 능력을 상대에게 보여주지 못하면 어느 누구도 자신이 어떤 능력을 가지고 있는지 알지 못한다. 그래서 자신이 지닌 능력과 실력을 사람들에게 알려야 하고 자신을 적극적으로 어필해야 한다.

숫자는 비즈니스의 결과이지 동기가 아니다. 비즈니스는 사람의 생각과 마음에 따라 움직이는 살아 있는 현장이다. 상대의 마음을 움직이는 가장 큰 무기는 감동이다. 손정의는 자신의 열의를 편지에 써서 적극적으로 알렸고, 결국 상대의 마음을 움직임으로써 자신의 상품 가치를 인정받게 되었다. 이를 바꾸어 말하면 손정의 회장은 '손정의'라는 브랜드가 지닌 가치를 어필함으로써 자신의 상품 가치를 높였던 것이다.


## 스토리가 담겨야 상품이 산다


십수 년 전, 동네 문방구에서 나이키, 푸마, 아디다스 등의 로고를 파는 것을 보고 깜짝 놀란 적이 있다. 꼬마 녀석들은 이 로고를 500원에 사서 셔츠와 가방에 다림질해 붙이고 다녔다. 비록 그렇게 해서 가짜 로고를 붙이고 다녔지만, 그만큼 그 당시의 꼬마들에게도 브랜드가 갖는 가치는 남달랐던 것이다.

얼마 전에는 한 유명 연예인이 차고 나온 시계 브랜드의 상품이 엄청나게 팔렸다는 뉴스를 본 적이 있다. 왜 이와 같은 현상이 일어난 걸까? 두 개의 브랜드가 서로를 밀어주는 상승효과 때문이다. '유명 연예인'이라는 브랜드와 '명품 시계'라는 브랜드가 서로 겹쳐지면서 원래의 브랜드 가치를 더욱 값진 것으로 만들어준 것이다. 이처럼 대중에게 '명품'으로 인식된 브랜드는 소비자의 충성도를 끌어내는 힘이 있다.

등산을 좋아하는 사람이라면 고어텍스라는 소재를 잘 알고 있을 것이다. 고어텍스는 방수 효과가 뛰어나 아웃도어 제품에 주로 사용된다. 등산객은 고어텍스가 가지고 있는 수많은 장점보다 '이 신발은 고어텍스입니다'라는 한마디에 제품의 우수성을 인정한다. 소비자들은 고어텍스에 담겨 있는 기술이나 원리에 대해서는 크게 신경을 쓰지 않는다. 단지 그것이 고어텍스이기 때문에 구입한다. 이것이 곧 브랜드가 지니고 있는 힘이다.

트렉스타는 토종 브랜드를 고집하며 내수 시장 점유율을 50퍼센트로 끌어올린 후 아웃도어 시장에서 까다롭기로 유명한 일본 시장에 진출했다. 그리고 최초의 아시아 아웃도어 브랜드라는 타이틀을 거머쥐고 미국과 유럽 시장에 이름을 알렸다. 새로운 판로를 개척한 끝에 유럽 최대 백화점이라는 엘 꼬르테 잉글레스El Corte Inglés 백화점에서 당당하게 자체 브랜드 이름을 걸고 최고의 가격으로 판매되고 있다.

아웃도어업계에서는 자가 브랜드를 가지는 것이 쉽지 않다. 단순히 로고를 정하고 상표 등록을 한다고 해서 브랜드가 만들어지는 것이 아니다. 무엇보다 브랜드에는 다른 상표와는 차별화된 이야기가 담겨야 한다. 소비자가 원하는 제품과 가격, 소비자가 원하는 유통과 판촉 활동을 통해 브랜드 고유의 스토리를 담아내야 한다. 물론 자가 브랜드를 갖기까지의 기술력과 상품성이 전제되어야 하는 것은 당연한 일이다.

브랜드의 가치는 타사 제품과의 뚜렷한 차별성에서 온다. 이런 차별성은 끊임없는 노력과 개발 없이는 불가능한 일이다. 트렉스타 브랜드에는 수많은 스토리가 담겨 있다. 앞서 언급한 북극곰의 발바닥을 보고 아이스그립 기술이 태어났으며, 박지성 선수의 울퉁불퉁한 발을 보고 '네스핏'을 착안했다. 이런 갖가지 스토리가 더해져 고유 브랜드의 가치가 실현되는 것이다.

토종
브랜드의
힘

# 이게 우리의
# 토종 브랜드입니까?

나는 지금 이 글에서 우리나라 신발산업의 토종 브랜드를 어느 누구보다 사랑했던 한 정치인의 이야기를 할까 한다. 부산을 무대로 정치 활동을 시작했던 그는 한때 신발산업의 메카였던 부산의 영광을 재현하고자 하는 바람을 갖고 있었고, 그를 위해서는 무엇보다도 대한민국 토종 브랜드가 성장해야 한다는 생각을 갖고 있었다. 그 사람의 이름은 노무현이다.

내가 노무현 대통령을 처음 만난 것은 1990년대 중반, 부산의 한 음식점에서였다. 이날의 모임은 부산중소기업회가 지역경제 발전을 위해 마련한 자리였는데, 부산 지역의 기업인과 정치인이 여럿 참석했다.

당시 노무현은 부산에서 꽤 지명도 높은 정치인이었다. 그는 1988

년 청문회 스타로 화려하게 정계에 입문했지만, 3당 합당 이후 지역 감정의 벽을 극복하지 못하고 국회의원과 부산 시장 선거에서 연거푸 낙선했다. 그래도 그는 정치인으로서 입지를 다지고자 부지런히 지역 행사에 참가하고 있었다.

정치인 노무현의 첫 인상은 밝고 쾌활해 보였다. 연이어 선거에서 고배를 마신 정치인이라는 사실이 무색할 정도로 자신감에 차 있기도 했다. 그는 입담도 출중해서 함께 자리한 기업인들과도 농담을 섞어가며 잘 어울렸다.

그날 모임의 화제는 자연스럽게 지역경제의 발전 방향을 모색하는 것으로 모아졌다. 정치인이든 기업인이든 지역경제를 살려야 한다는 데는 별 이견이 없었다. 그런데 정치인 중에 유독 노무현만이 신발산업에 지대한 관심을 보였다. 그는 신발산업이 부산 경제에 얼마나 많은 공헌을 했는지 잘 알고 있었다. 당시 나는 토종 브랜드인 트렉스타를 출범시킨 지 얼마 되지 않은 때였다. 그래서인지 신발산업에 관심을 보이는 그의 말이 귀에 쏙쏙 들어왔다. 그리고 식사가 끝날 무렵, 노무현의 입에서 뜻밖에도 '브랜드'와 'OEM'에 대한 얘기가 흘러나왔다.

"십여 년 전만 해도 부산은 세계 신발산업의 메카 아니었습니까? 헌데 대부분의 기업이 OEM에 너무 집착한 나머지 상황이 급변하면서 줄도산을 맞았지요. 그것은 우리 고유의 토종 브랜드를 갖지 못했기 때문입니다."

나는 그의 말을 듣고 깜짝 놀랐다. 평소 내가 가지고 있던 생각과 일치했기 때문만은 아니었다. 노무현은 부산의 신발산업이 사양길을 걷게 된 이유까지도 정확하게 꿰뚫고 있었던 것이다. 그 말을 듣고서는 가만히 있을 수가 없었다. 나는 가방에서 우리 회사의 브로슈어를 꺼내 그에게 보여주었다. 그는 내가 보여준 브로슈어를 보고는 깜짝 놀라 물었다.

"트렉스타가 우리 토종 브랜드입니까?"

"그렇습니다. 이제 출범한 지 얼마 되지 않았습니다."

"잘하셨습니다. 우리 토종 브랜드가 살아야 국가 경쟁력에도 큰 도움이 될 것입니다."

노무현은 유별날 정도로 우리 토종 브랜드에 애정을 보였다. 부산의 신발산업이 다시 예전의 명성을 찾으려면 고유 브랜드를 가져야 한다는 것이 그의 생각이었다.

그날 나는 노무현과 깊은 대화를 나누었다. 서로 토종 브랜드에 대한 생각이 일치했기 때문인지 좀처럼 대화의 화제가 토종 브랜드에서 벗어나지 않았다. 내가 일찍이 정치인과 많은 대화를 나눈 것은 그때가 처음이었다.

# 남들 다 하는 것은 재미없습니다

그날 노무현과 헤어진 후에도 나는 그에 대한 강렬한 인상을 지울 수가 없었다. 해박한 지식과 상대를 사로잡는 자신감 그리고 남다른 열정이 내 머릿속에 깊숙이 박혔다. 어느 누가 봐도 그는 연이어 낙선한 정치인처럼 보이지 않았다. 그는 위아래 사람을 허물없이 대하면서도 깍듯하게 예우를 했다. 요즘 보기 드문 정치인임에 틀림없었다. 무엇보다 그의 열정만큼은 일찍이 내가 알고 있는 정치인 중에 가장 돋보였다.

그 이후로 나는 노무현이라는 정치인이 보이는 행보를 주의 깊게 지켜보았다. 그는 당선이 유력시되는 서울을 떠나 여전히 고집스럽게 부산에서 선거를 치렀고, 그때마다 지역감정의 벽에 가로막혀 쓰라린 낙선의 고배를 마셨다. 나는 그가 대통령 후보가 되기 직전 다시 한 번 부산에서 만날 기회가 있었다. 그때 노무현은 내게 이런 말을 했다.

"제가 왜 계속 부산에서 출마하는지 아십니까?"

스스로 던진 질문에 답하는 그의 말은 간단하고 명쾌했다.

"남들이 하지 못하는 것, 남들이 하지 않는 것, 그것을 반드시 제 힘으로 이뤄보고 싶었습니다. 남들이 다 가는 길을 가면 무슨 재미가 있겠습니까? 허허."

남들이 하지 못하는 것, 남들이 가지 않는 길……. 그것은 내가 평소 가지고 있던 생각과 너무도 흡사했다. 그랬다. 남들 흉내만 내서는 1등이 될 수 없다. 나 역시 남들이 가지 않는 새로운 길을 개척하고 싶었다.

노무현이 대통령에 당선되기 직전에 마지막으로 부산을 방문했을 때 다시 오붓한 저녁 자리에서 그와 마주했다. 그때 그는 "내가 권 사장처럼 남들 가지 않는 길을 가다 보니 대통령 후보도 되었습니다"라고 말했다. 그의 그 말이 나로 하여금 더욱 더 도전의식을 갖게 만들었다.

그로부터 얼마 후, 정치인 노무현은 청와대의 주인이 되었다. 우리나라의 17대 대통령으로 당선된 것이다.

내가 노무현 대통령을 다시 만난 것은 청와대에서였다. 2005년 11월, 산업자원부와 중소기업특별위원회가 마련한 '중소기업 정책혁신 성과 보고회' 자리에서였다. 이날은 전국경제인연합회 회장과 관련 단체 대표 등 국내 다수의 중견기업 대표들이 참석했다.


## 지금도 잘 커가고 있습니까?


이날의 행사는 내게 뜻깊은 자리였다. 정치인 노무현은 대통령 자리에 올랐고, 나는 토종 브랜드인 트렉스타를 발판 삼아 신발업계에서 두각을 나타내고 있었다. 그 무렵 나는 세계 최초로 초경량 등산화를 만들어 세계 아웃도어 시장을 깜짝 놀라게 했다. 2001년에는 트렉스타가 세계 일류 상품에 선정되었다. 나는 신발업체 CEO 포럼 회장을 맡고 있었다. 보고회가 끝나고 만찬회가 진행되고 있을 때였다.

"우리 토종 브랜드는 잘나가고 있습니까?"

노무현 대통령이 내 곁으로 다가와 물었다. 그는 내가 남들이 선뜻 나서지 않은 토종 브랜드를 만들어서 세계 시장을 공략하고 있다는 사실을 똑똑히 기억하고 있었던 것이다. 내가 부산에서 남들이 사양산업이라고 말하는 신발산업을 하고 있는 것도, 토종 브랜드를 갖고 있는 것도 여전히 노 대통령에게는 큰 관심사였던 것이다. 그뿐이 아니었다.

"보내주신 선물 잘 받았습니다. 가끔 정치 현안으로 머리가 복잡할 때는 가까운 산에 오르며 기분 전환을 합니다."

노 대통령은 트렉스타가 선물을 한 것도 기억하고 있었다. 2005년 10월 나는 중소기업 신기술 발표회 후 노 대통령에게 고어텍스 재킷과 등산화를 선물했다. 노 대통령은 이 재킷과 등산화를 착용하고 산에 오른다는 것이었다. 그런 노 대통령의 후광 덕인지 트렉스타의 의류사업부 매출이 눈에 띄게 늘었다. 특히 바지와 신발을 제외한 재킷 판매 성장률은 90퍼센트에 이르렀다. 그래서 한때 노 대통령이 입었던 등산복이 전량 매진돼 업계 최고의 모델감이라는 얘기가 나온 적도 있었다.

실제로 취임 3주년을 맞아 노 대통령이 청와대 출입 기자들과 함께 북악산을 오르는 사진이 신문에 크게 실린 적이 있었다. 사진 속 노 대통령이 입은 등산복은 가슴에 역삼각형 붉은색 마크가 선명히 박힌 '트렉스타' 제품이었다.

그렇다고 언론에 노출된 노 대통령이 반드시 우리 회사 제품만을 입거나 신었던 것은 아니다. 노 대통령은 산행 때마다 등산복을 자주 바꿔 입었는데, 한 가지 공통적인 것은 그가 입은 등산복과 등산화가 모두 우리나라의 '토종 브랜드'라는 점이다. 그는 십여 년 전 내게 했던 말을 몸소 실천해 보였던 것이다. 그런 노 대통령의 모습은 내게 작은 감흥을 일으켰다. 그가 토종 브랜드의 중요성을 말한 것은 결코 허튼 소리가 아니었다.

나는 지금도 노 대통령의 마지막 모습을 잊을 수가 없다. 그는 대통령에서 퇴임한 후 평소의 약속대로 자신의 고향인 봉화 마을로 내려왔다. 그곳에서 많은 사람들과 대화를 나누는 모습을 나는 TV를 통해 지켜보았다. 그런데 종종 TV 화면에 나타난 그의 옷에는 트렉스타 로고가 선명하게 박혀 있었다. 그때마다 나는 가슴이 뭉클해지곤 했다.

우리의 토종 브랜드를 누구보다 아꼈던 분, 그를 다시 볼 수 없는 현실이 안타깝다.

# 브랜드는 세계와 대화하는 통로

내가 늘 강조하듯, 자가 브랜드는 내 자식과 같은 존재다. 이에 반해 OEM은 돈을 벌어다주는 손님이다. 손님은 내가 그에게 필요한 사업 파트너일 경우 많은 이익을 가져다주지만, 내가 부족하거나 시장 상황이 변하면 언제든지 자신들의 이익을 찾아 떠나간다. 하지만 자가 브랜드라면 이야기는 달라진다. 브랜드는 영원히 나의 것이기 때문이다.

트렉스타가 창업 초기에 OEM을 하면서 세계 유명 브랜드와 함께 이룩한 성과는 나의 역사가 아니다. 나이키, 리복, 아디다스, 아식스의 역사일 뿐이다. 하지만 자체 브랜드를 가지면서 상황이 달라졌다. 트렉스타의 신제품을 유럽 또는 미국 시장에 선보이면 그것은 트렉스타 고유의 역사로 기록된다. 내 자식은 언제 어디를 가든 내 자식인 것이다.

2010년대 초반, 나는 세계 3대 아웃도어 쇼 중 하나인 독일 아웃도어 쇼에서 우리 브랜드를 전시했다. 이 전시회에서 나는 30년간 우정을 쌓아온 하이텍의 프랭크 회장을 만나 세계 아웃도어 시장의 향후 방향에 대해 심도 깊은 이야기를 나누었다. 그리고 미국 OR 쇼에 참여했을 때는 나이키의 내수영업 총책임자인 존 엔스밍거를 만나 미국 아웃도어 시장의 동향을 들었다. 또한 나이키의 아동화 총책임자인 에마 민토와 만나서는 아동화 구매 동향에 대해서 이야기를 나누었다.

나는 지금 내가 갖고 있는 세계 아웃도어업계에서의 인맥 이야기를 하려는 것이 아니다. 그들과 동등한 위치에서 세계 아웃도어 시장을 논하고 있다는 사실을 말하려는 것이다. 그들에게 나는 세계 최초의 경등산화를 개발한 인물이자, 아시아 신발 브랜드를 대표하는 트렉스타의 CEO이다.

만약 우리 회사가 OEM 브랜드만 생산하고 있다면, 그들과 무슨 이야기를 나누었을까. 당연히 세계 유명 브랜드의 하청업체로서 품질과 납기에 대한 이야기만을 나누었을 것이다. 사실 그것 말고는 달리 할 이야기도 없다. OEM 회사의 대표가 세계 아웃도어 시장의 현황을 말하는 것은 자신의 분수를 모르고 하는 행동이다. 그러나 고유 브랜드를 가지고 있으면 세계 유수의 기업과 당당하게 의견을 교환하고 시장의 동향을 파악할 수 있다. 그것은 나뿐만이 아니다. 지금 이 순간, 트렉스타 직원들은 세계 굴지의 신발업체들과 어깨를 나란히 하면서 적극적인 교류를 하고 또 세계 아웃도어 시장의 트렌드를 읽어가고 있다. 이런 움직임은 우리 제품과 기술을 발전시키는 데 많은 도움을 준다.

자가 브랜드의 힘은 세계 글로벌 시장 속에서 더욱 빛을 발한다. 우리가 토종 브랜드를 키우고 또 성장시켜야 하는 이유도 바로 여기에 있다. 내 자식은 영원하기 때문이다.

# 천년 브랜드, 역사와 문화가 경쟁력이다

"휴일인데 어디 갈라고예? 또 경주 가십니꺼?"

신혼 초, 아내에게 수없이 듣던 말이다. 나는 아내의 말대로 휴일이면 늘 경주로 향했다. 아마 나보다 경주를 많이 다녀온 사람은 흔치 않을 것이다. 내 기억에는 지금까지 200번 정도 다녀오지 않았나싶다. 물론 시간적인 여유가 나서 관광을 하려고 경주에 가는 것이 아니다. 해외 바이어들을 접대하기 위해서다.

내가 바이어들을 접대하는 방법은 좀 독특하다. 해외 바이어들이 짬이 나거나 휴일이 되면 나는 그들을 경주로 안내한다. 천년 고도古都인 경주의 역사, 나아가 우리나라 역사의 현장을 보여주기 위해서다. 지금도 나는 경주에 담겨 있는 우리 역사의 숨결을 해외 바이어들에게 전하고 있다.

우리 역사는 세계 어디에 내놓아도 결코 뒤지지 않는다. 세계 최초로 금속활자를 만들었고, 우리 고유의 문자인 한글이 있으며, 수많은 외침에도 꿋꿋하게 버텨온 저력이 역사 속에 켜켜이 쌓여 있다. 그러나 내가 해외 파트에서 근무했던 1980년대의 한국에는 해외 바이어들의 눈에 부정적인 요소가 더 많았다. 그들에게 한국은 남과 북으로 갈라진 분단국가라는 이미지가 강했고, 아직 민주화가 덜 된 나라로 인식되고 있었다. 1988년에 서울올림픽을 치른 후 그 같은 부정적인 인식이 조금은 덜해졌지만, 그들은 우리의 문화나 역사에 대해서는 전혀 모르고 있었다. 그들에게 대한민국은 그저 자기네들의 사업을 도와주는 저렴한 인건비의 국가 그 이상은 아니었다. 나는 그런 해외 바이어들에게 우리나라의 참모습을 보여주고 싶었다. 또한 당시 술과 향응을 제공하는 접대 문화에도 변화를 주고 싶었다. 그래서 택한 곳이 천년 고도의 숨결이 살아 있는 경주였다.

"이곳이 정말 천오백 년이 넘은 도시입니까?"

경주에 첫발을 내디딘 해외 바이어들이 내뱉는 말이다. 그들은 경주를 둘러보고 그 안에 담겨 있는 찬란한 우리 역사와 문화에 놀라움을 숨기지 못한다. 천마총, 포석정 그리고 불국사와 토함산의 석굴암을 둘러보면 두 눈이 저절로 휘둥그레진다. 6~7세기 신라의 문화는 유럽의 중세 문화와는 비교가 되지 않을 정도로 찬란했다.

## 역사 관광을 자기 PR의 수단으로 삼다

'미스터 권은 정말 훌륭한 선조를 두었구나.'

경주를 안내하다 보면 해외 바이어들의 눈빛에서 그런 경이로움을 읽을 수 있다. 유럽의 문화를 꽃 피웠던 이탈리아 출신의 바이어도 예외가 아니다. 그래서 나는 신라의 문화에 관한 한 어느 누구 못지않게 해박한 지식을 가지고 있다. 관광 책자에도 나오지 않는 세세한 것까지 일러주면 바이어들은 입을 다물지 못한다. 한 바이어가 그런 나에게 내가 사업에 실패하면 관광회사를 차려도 좋을 거라고 농담을 할 정도다.

찬란한 역사와 문화를 가진 민족은 어디를 가도 당당한 법이다. 역사와 문화도 한 나라의 브랜드로서 큰 가치가 있다. 다양한 문화적 특성을 바탕으로 이 땅에 자리한 문화유산은 국내에서만 그 가치를 인정받는 것이 아니다. 한국을 뛰어넘어 세계적으로 역사적인 가치가 있는 문화유산, 즉 유네스코 세계유산에 등재된 우리의 문화유산은 총 10곳에나 이른다. 나는 우리 민족의 우수성을 알리는 역사 안내원으로서 늘 자긍심을 가지고 있다. 그래서인지 지금도 경주에 갈 때면 발걸음이 가벼워지고 바이어들에게 어떻게 우리 문화를 전해야 할지 행복한 상상을 하고는 한다.

경주가 찬란한 우리 역사와 문화의 우수성을 보여주는 곳이라면, 우리 집은 대한민국 가정의 작은 정성을 담아내는 곳이다. 나는 해외 바이어들이 우리나라를 떠날 때면 반드시 그들을 집으로 초대해 우리 고유의 전통 요리를 대접한다. 고급스럽기는 하지만 천편일률적인 호텔 요리를 식상해하는 바이어들은 한국의 가정집에서 접하는 음식을 훨씬 더 좋아한다. 그런 음식에는 한국인 특유의 정성이 가득 담겨 있기 때문이다. 그뿐만이 아니다. 바이어의 생일이나 가족의 생일 등을 기억해 그들에게 작은 선물을 하는 것도 잊지 않는다. 비록 작은 기념품이지만 한국에 대한 좋은 기억을 선사하며 민간 외교관 역할까지 톡톡히 해내고 있다.

이런 나의 접대 방법은 늘 좋은 결과를 가져왔다. 경주 관광을 하면서 우리 역사를 알리는 동시에 바이어들과 비즈니스를 떠나 일상에 대해 자연스럽게 대화를 나누게 된다. 그런 대화 속에서 서로의 우정과 신뢰가 싹트게 되고 이는 훗날 비즈니스로 이어진다. 나로서는 일석이조인 셈이다. 해외 바이어들은 비즈니스를 통한 사업적 유대관계만이 아니라 진정한 친구가 되길 원한다. 인간적인 따뜻함을 느끼게 하는 비즈니스 전략은 수많은 바이어를 진정한 파트너로 만드는 데 톡톡한 역할을 했다.

## 내가 가장 위대하다는 자신감으로 무장하라

개인의 능력이 아무리 뛰어나도 자신을 PR할 기회를 갖지 못하면 조직 사회에서 그 능력을 인정받기란 결코 쉬운 일이 아니다. 그러나 몇 가지 작은 노력만으로도 자신의 가치를 제대로 평가받고 더 나은 기회를 찾을 수 있다. 즉 '나'라는 브랜드를 적극적으로 알리기 위해서는 체계적인 '자기 PR'이 필요한 것이다. 자신이 가진 능력과 가치를 타인에게 어필할 수 있는 체계적인 준비가 되어 있는 사람은 어떤 모임에 가거나 상대를 만나도 자신감을 갖고 자신을 능숙하게 표현할 수가 있다.

좋은 이미지를 갖는 것은 누구나 원하는 것이지만 노력 없이 되는 것은 아니다. 사람들은 흔히 누군가가 이룬 결과만을 보고 부러워하지만 결코 대가 없이 이루어지는 것은 없다. 백조는 우아하게 물 위를 노니는 것처럼 보이지만, 보이지 않는 물 밑에서는 쉴 새 없이 물장구를 친다. 마찬가지로 최상의 이미지로 남에게 인식되길 원한다면 보이지 않는 곳에서 무수히 많은 연습과 노력을 해야 하는 것이다. 자기 PR에는 왕도가 없다. 단지 부단한 노력과 체계적인 훈련 그리고 열정이 있을 뿐이다.

미국 기업에서는 간부급 자리에 오르면 상대방에게 좋은 인상을 줄 수 있도록 옷차림에서 동작, 말투까지 훈련을 시킨다. 또 집무실의 인테리어까지 새롭게 꾸민다. 그밖에도 상대의 직책에 따라 적절한 단어를 섞어서 이야기하는 방법, 표정을 짓는 방법, 이야기할 때의 자세 등 그들 특유의 비즈니스 노하우를 익히게 된다. 이들이 갖춘 비즈니스 노하우는 오랜 '자기 연출'과 '자기 관리'에서 비롯된 것이다.

비즈니스 세계에서는 작은 약점이나 빈틈도 흠이 될 수 있고, 그런 흠은 경쟁 기업이나 라이벌 관계에 있는 상대에게 기선을 빼앗기는 빌미가 될 수 있다. 이런 흠을 보이지 않아야 비즈니스를 성공적으로 이끌 수 있다. 대인관계에서도 마찬가지다. 성숙한 '자기 연출'을 통해 자신을 돋보이게 하고, 상대방으로부터 신뢰감을 얻는 것은 매우 중요한 일이다. 따라서 작은 몸짓이나 행동, 말투 등도 자신의 됨됨이를 겉으로 드러내는 것이므로 늘 신중하고 조신하게 다스

려야 한다.

　비즈니스 사회에서는 서로의 돈독한 인간관계가 형성되기까지 비즈니스 당사자들이 여러 차례의 만남과 교류를 갖는다. 그런 교류 속에서 자신의 존재에 대해서 알려야 한다. 자신이 어떤 사람이며, 무엇에 관심을 가지고 있고, 또 어떤 장점이 있는가를 끊임없이 호소해야 한다. 때로는 비즈니스적인 측면에서, 때로는 평범한 인간관계에서 자신을 알리기 위해 많은 노력과 시간을 투자해야 하는 것이다. 이를 통해 비즈니스의 성패가 좌우될 수 있기 때문이다.

# 비즈니스는
# 휴머니즘이다

"

길을 가는 동안 수많은 사람을 만났다.

그들은 내가 길을 가야 하는 이유이기도 했다.

언젠가 내가 닦아 놓은 이 길로

걸음을 내딛을 이들을 생각하며

나는 스스로 길이 되었다.

"

# 고객은 왕이 아니라
# 오랜 벗이다

2009년 5월의 어느 날, 편지 한 통이 트렉스타 본사로 날아들었다.
수취인란에는 단지 '트렉스타 직원께'라고만 적혀 있었다.

처음 귀사에서 등산화를 무료로 수선해준다는 소리를 듣고 믿
기지 않았습니다. 혹시나 해서 오래토록 신고 있던 등산화를 귀
사에 보냈습니다. 비록 이 등산화는 낡았지만, 나의 산행을 이끌
어주던 고마운 등산화였습니다. 그런데 얼마 후 저의 집으로 마
치 새 것처럼 깔끔하게 수선이 된 등산화가 도착했습니다. 제가
아끼던 바로 그 등산화였습니다……

어느 고객께서 트렉스타 등산화의 AS에 대한 고마움을 편지로 보

내주신 것이었다.

트렉스타 본사에는 일주일에 십여 통의 감사 편지가 도착한다. 평소 아껴 신던 등산화를 다시 신을 수 있도록 도와준 데에 대한 감사의 글이 대부분이다. 어떤 고객은 갓김치를 보내주기도 하고, 또 어떤 고객은 고향 특산물을 보내주기도 한다. 나는 그런 편지나 선물을 볼 때마다 뿌듯함과 함께 진한 감동을 느낀다. 신발을 통해 생산자와 소비자가 하나가 되는 것이다.

트렉스타 AS센터 앞에는 늘 수백 켤레의 신발이 놓여 있다. 이는 고객들이 전국 각지에서 보내온 헌 신발들로, 대부분 수명이 다할 위기에 놓여 있다. 밑창이 너덜거리는 신발에서부터 신발 끈이 떨어져 나간 것 등 아주 다양하다. 그러나 이 신발들에는 한 가지 공통점이 있다. 모두 하나같이 고객의 몸과 일체가 되어 오래도록 길을 거닐었던 신발이라는 점이다. 비록 낡고 오래된 신발이기는 하나 그 안에는 짙은 애정이 담겨 있다.

AS센터에서는 이 헌 신발들이 본연의 기능을 다할 수 있도록 성심껏 수선해주고 있다. 큰 비용이 들지 않는 것은 무료로 수선해주는 것을 원칙으로 한다. 새로운 부품이 필요할 때는 최소의 비용을 받고 교체해준다.

AS센터를 오랫동안 운영하다 보니 고객으로부터 받는 요구 역시 다양하다. 몸에 장애가 있는 고객은 자기 나름대로 아이디어를 구상하여 일반 신발에 특이한 기능을 보태줄 것을 주문하기도 한다. 교통사고로 발을 다쳐 좌우 발의 높이가 다르니 신발의 높이를 조절해달라는 것이다. AS센터 직원들은 이들을 위해 특별한 작업을 통해 신발을 고쳐준다.

아무리 무리한 요구라 해도 결코 그냥 넘기지 않는다. 사소한 요구 역시 소홀히 다루지 않는다. 트렉스타라는 상품명으로 이 세상에 나온 신발에 대해서는 무한 책임을 진다. 그것이 고객과의 약속이고 또 트렉스타의 사명이다. 고객에게 감동을 주지 않는 서비스는 존재할 수 없다.

오래전 내가 신발사업을 처음 시작했을 때만 해도 AS에 대해서는 크게 신경 쓰지 않았다. 전국의 어떤 신발회사에서도 신발을 AS해주는 곳은 없었기 때문이다. 신발은 옷이나 가전제품과는 다르다고 여겼다. 신발은 닳아서 없어지는 것이지 고장 나는 것이 아니기 때문이다. 솔직히 나는 AS보다는 신제품 개발에 주력했던 게 사실이다. 그런 나에게 변화가 찾아온 것은 1997년으로, 성호실업을 창업한 지 9년쯤 지났을 때였다.


## 낡은 등산화에 담겨 있는 추억

그날 나는 산을 오르다가 뜻밖의 광경을 목격했다. 산길 중턱에서 두 중년 사내가 바위 옆에 앉아 있었는데, 한 사내는 등산화를 벗은

채 뭐라 투덜거리고 있었다. 당시 내가 산을 오르는 것은 등산객들의 불편을 모니터링하기 위해서였다. 우리 회사의 주요 고객층인 등산객들의 고충을 알아야 보다 좋은 아이디어를 얻을 수 있고 또 보다 뛰어난 신제품을 만들 수 있기 때문이다.

"제길, 등산화가 또 말썽이로군."

나는 바위 옆에 놓인 중년 사내의 등산화를 유심히 살폈다. 이 등산화의 밑창은 반쯤 떨어져나가 너덜거리고 있었다.

"이걸 어쩌면 좋지? 또 본드로 붙여야 하나?"

"오늘은 일진이 안 좋군. 그만 내려가는 게 좋겠어."

중년 사내는 밑창이 너덜거리는 등산화를 신고 힘없이 산을 내려갔다. 등산을 포기하고 산을 내려가는 사내의 뒷모습이 안쓰러워 보였다.

등산화에 조금만 하자가 있어도 산을 오르는 데 지장이 있다. 발이 피로하면 온몸이 피로한 법이다. 그때 나는 중년 사내의 뒷모습을 보며 처음 애프터서비스라는 개념을 떠올렸다.

내가 보기에 중년 사내의 등산화는 아직 버리기에는 아까웠다. 밑창만 새것으로 교체하면 2~3년은 더 사용할 수 있는 등산화였다. 다음 날 나는 마케팅 책임자에게 등산화를 AS해줄 수 없느냐고 물었다. 힘없이 산을 내려가던 중년 사내의 뒷모습이 머릿속에서 지워지지 않았다.

"등산화를 고쳐준다 말입니까? 에이, 신발회사 중에 대체 그런 데가 어디 있습니까?"

마케팅 책임자는 등산화를 AS해주는 신발회사는 없다면서 펄쩍 뛰었다.

"아무 데도 AS해주는 곳이 없으니까 우리가 한번 해보자!"

사실 쉽게 내린 결정이 아니었다. 당시만 해도 등산화를 만드는 업체는 제품을 만드는 데만 주력했을 뿐 낡은 제품을 수선해준다는 개념 자체를 갖지 못했다.

게다가 애프터서비스를 시행하는 데 따른 비용도 만만치 않았다. 하지만 등산을 해본 사람이라면 잘 알겠지만, 오래도록 산행의 벗이 되어주던 등산화를 버리기에는 아쉽기 마련이다. 이 등산화에 얼마나 많은 추억과 땀이 담겨 있는가. 당장 새 등산화를 사면 좋겠지만, 경제적으로 여유가 없을 뿐만 아니라 새 것은 금방 발에 잘 맞지 않아 헌 등산화에 더욱 집착하게 된다.

나는 AS의 첫 시험 무대로 부산의 금정산을 택했다. 회사에서는 등산화를 잘 수선해줄 수 있는 직원을 따로 차출했다. 그리고 주말을 이용해 등산로 입구에 직원들을 대기시키고 회사 트럭 앞에 다음과 같은 현수막을 걸어놓았다.

'고객님의 등산화를 무료로 수선해드립니다.'

# 평생 고객의 마음속으로

트럭에 현수막을 걸자마자 등산객이 우르르 몰려들었다.

"정말로 등산화를 공짜로 고쳐준다는 겁니까?"

등산객들은 반신반의한 얼굴로 다가와 물었다.

"물론입니다. 등산화의 어디가 말썽입니까?"

등산객들이 내민 등산화는 가지각색이었다. 밑창이 떨어져나간 등산화, 줄이 끊어진 등산화, 신발코가 낡아서 너덜거리는 것 등등 온갖 낡고 오래된 등산화가 몰려들었다.

직원들은 성심껏 이들의 등산화를 고쳐주었다. 비록 새것으로 만들지는 못해도 1~2년은 거뜬히 신을 수 있도록 최선을 다했다. 그런데 등산객들의 반응이 가히 폭발적이었다. 모두가 무료로 수선해준 등산화를 보고 환한 표정을 지었다. 등산객들의 이러한 반응은 내 예상을 훨씬 뛰어넘는 것이었다. 어린아이처럼 좋아하는 등산객들의 표정이 우리의 손길을 더욱 바쁘게 만들었다. 나는 등산객들이 이토록 등산화 수선에 목이 말라 있었는지 미처 알지 못했다. 그날 우리가 수선해준 등산화는 무려 1,000켤레에 달했다.

다음 주말, 등산객들의 뜨거운 반응에 용기를 얻은 나는 목표를 상향 조정했다. 처음 서비스에 나갔을 때보다 인원을 두 배로 늘렸고, 부산뿐만 아니라 경남 지역에까지 영역을 넓혔다. 이번에도 등산객들의 반응은 폭발적이었다. 처음엔 그저 등산객들에게 조금이나마 도움을 주고 싶어서 시작한 일이었다. 그런데 이 정도의 관심을 받을 줄은 생각하지 못했다.

뒤늦게 나는 한 가지 사실을 깨우쳤다. 왜 신제품을 '만드는 것'에만 신경을 썼지, 고객의 마음을 '아는 것'에는 신경을 쓰지 못했을까. 그날, 나는 부산으로 내려오면서 고객에게 좀 더 가까이 다가가기 위해 무엇을 할 것인지 진지하게 생각했다. 그리고 곧 한 가지 결심을 하게 됐다.

"서비스센터를 상설로 운영하자."

정기적으로 고객을 만나고, AS센터를 항시 운영하는 것이다. 물론 등산화를 수선해주는 전문 인력도 보강했다. 그렇게 해서 시작한 것이 트렉스타의 '평생 품질 보증 서비스'다.

지금 트렉스타의 AS센터에는 50여 명의 직원이 근무하고 있다. 이들은 오직 고객이 보내온 신발을 고치고 수선하는 일만 담당한다. 하루에 200여 켤레의 신발이 이들의 손에 의해서 다시 태어나는 것이다. 등산로에서 우연히 마주친 중년 사내의 낡은 등산화 한 켤레가 오늘날의 '평생 품질 보증 서비스'를 만든 것이다.

트렉스타의 평생 AS센터를 통해 얻는 것도 많다. 짧게 생각하면 회사 차원에서는 손해라고 생각할 수 있지만, 멀리 내다보면 고객으로부터 소중한 것을 얻고 있다. 무엇보다 고객의 마음을 읽을 수 있다. 또한 고객과의 직접적인 만남을 통해서 아이디어를 얻을 수 있다. 고객들이 어떠한 불편을 겪고 있는지를 확실히 알 수 있는 것이다. 이를 통해서 축적된 데이터가 신제품에 반영됨으로써 트렉스타의 품질은 더욱 나아질 수 있다.

고객의 감동은 의외로 작은 것을 실천함으로써 얻을 수 있다. 감동은 거창하거나 대단한 것도 아니고 멀리 있는 것도 아니다. 평소 고객의 작은 불편과 불만 사항에 항상 귀를 기울이고 들어주는 것이다. 고객에게 편안함과 안락함을 주는 것 이상의 감동은 없다.


## 누구나 편한 신발을 신을 권리가 있다


지난 2012년, 대학 입학을 앞둔 미국인 청년 매튜 왈처Matthew Walzer는 스포츠용품 전문회사인 나이키에 편지를 썼다. 매튜 왈처는 휠체어와 목발에 의지하여 살아가야 하는 뇌성마비 장애인이다. 그는 악착같은 재활의 노력으로 다시 일어서는 데 성공했다.

그는 거의 모든 일을 일반인과 마찬가지로 할 수 있었지만, 한 가지 일만은 스스로 할 수가 없었다. 바로 운동화를 신는 것이다. 그의 부자연스러운 손가락은 신발 끈을 매는 것을 허락하지 않았다. 손이 떨리는 탓에 신발 끈을 묶을 때는 반드시 부모나 주변 사람의 손을 빌려야 했다. 그러나 그는 대학에 들어가기 전 꼭 스스로의 힘으로 운동화를 신어야겠다고 다짐했다. 하지만 그의 노력에도 불구하고 그에게 그것은 쉬운 일이 아니었다. 그래서 매튜 왈처는 나이키에 편지를 써서 자신에게 맞는 운동화를 만들어달라고 부탁했다. 즉 장애로 인해 손이 부자연스러워 운동화 끈을 맬 수가 없으니 끈이 아닌 다른 방법으로 신발을 조일 수 있는 운동화를 만들어달라는 내용의 편지를 쓴 것이다.

'곧 대학에 갈 저에겐 꿈이 하나 있습니다. 더 이상 다른 사람이 제 신발을 신겨주지 않았으면 좋겠어요. 열여섯 살이나 되었는데, 아직도 부모님이 제 신발을 신겨줄 때마다 제 마음이 측은하게 느껴집니다.'

그는 이 편지에서 자신뿐만이 아니라 자기와 비슷한 장애인들에게도 큰 도움이 될 것이라는 말을 잊지 않았다.

'이것은 저만 겪고 있는 문제가 아니에요. 수백만 명의 장애인들이 매일 마주해야 하는 어려움이죠.'

매튜 왈처의 편지는 나이키의 디자이너인 토비 해트필드에게 전해졌다. 해트필드는 당시 장애인 올림픽인 패럴림픽에 참가하는 선수들을 위해 매튜와 같은 문제로 고민하고 있었다. 그는 매튜 왈처의 편지를 받은 후 장애인이 편하게 신발 끈을 묶고 풀 수 있는 운동화 개발에 뛰어들었다.

해트필드는 매튜와 소통하며 3년간 연구한 끝에 벨크로와 지퍼, 케이블 다이얼 등 끈을 사용하지 않는 여러 수단들을 테스트했다. 마침내 그는 신발 끈의 대체재로 '랩어라운드 지퍼'를 최종 낙점했고, 한손으로도 신을 수 있는 농구화 '플라이이지Flyease'를 개발했다.

이 농구화는 끈과 지퍼, 벨크로가 일체화돼 있는 것이 특징이다. 발목 부근을 감싸고 있는 벨크로를 떼어 뒤꿈치 쪽으로 돌리면 사선으로 지퍼가 열리면서 마치 샌들처럼 신발 뒤쪽이 완전히 개방된다. 발을 집어넣은 뒤 벨크로를 발목 쪽으로 다시 잡아당기면 지퍼가 잠기면서 신발을 신을 수 있다. 매튜는 이 신발을 신고 매우 흡족해 했다.

장애인을 위한 한 사람의 호소와 이를 위해 연구한 디자이너가 세상을 좀 더 아름답게 만든 것이다.


## 사회적 약자를 배려하는 디자인

내가 나이키의 미담美談을 들려주는 이유는 단 하나다. 그것은 기업이라면 사회적 약자를 위한 배려의 마음을 잊지 말아야 한다는 메시지를 전하기 위해서다. 이는 비단 나이키뿐만이 아니라 모든 기업이 거울로 삼아야 할 교훈이다.

트렉스타 역시 오래전부터 이와 유사한 신발을 만들어왔다. AS센터에서는 고객들의 요구에 맞추기 위해 신발의 높낮이와 크기를 조절한다. 이처럼 특수 기능을 요구하는 작업에는 비용과 노력이 많이 든다. 이러한 요구에 부합하기 위해서는 보통 평범한 신발 한 켤레를 수선하는 데 필요한 열 배 이상의 시간이 들기도 한다. 이와 같은 주문을 하는 고객들은 대부분 신체가 부자유스러운 장애인들이다. 트렉스타는 이들을 위해 언제나 최선을 다한다.

사회적 약자를 위해서는 더욱 공을 들이고 그들의 주문에 맞게 신발을 고친다. 비록 단 한 명의 고객에 불과하지만 이를 대하는 생산자의 마음은 그렇지가 않다. 단 한 명이든 백 명이든 천 명이든 고객은 고객이다. 그들은 서비스를 누릴 특권을 가지고 있다.

손을 쓰지 않고 신을 수 있는 신발, 즉 끈이 없는 신발인 '핸즈프리'를 만들게 된 계기도 장애인들이 보다 쉽게 신발을 신고 벗을 수 있도록 할 수 없을지 고민하다가 아이디어가 떠올랐다. 치매 예방 신발도 마찬가지다. 신발을 통해 무언가 도움을 줄 수 없을까 하는 마음이 이런 신발을 만들어냈다.

신발은 사람의 발을 편하게 하도록 만들어진 도구다. 이런 도구가 더욱 빛을 발하기 위해서는 디자인의 역할이 크다. 지금껏 디자인은 겉으로 보기에 아름답고 보기 좋은 것을 만드는 것으로 인식되어왔다. 디자인이 생활의 편리성과 아름다움을 추구하면서도 절대다수인 일반인의 눈높이에 맞추다 보니 사회적 약자를 등한시해왔던 것이 사실이다. 그러나 이는 디자인이 가지고 있는 고유의 힘을 미처 발견하지 못했기 때문이다. 현대 사회에서 사회적 약자를 포용하는 디자인 개발은 사회 평등에 기여할 뿐만 아니라 신제품과 서비스를 통해 디자인 발전의 중요한 기회를 제공하기도 한다.

디자인을 통한 기술 개발이 가지고 있는 가장 근원적인 힘과 에너지는 소통에 있다. 디자인은 보통 우리가 상상하는 것 이상으로 긍정적인 힘을 내포하고 있다. 그저 보기에 좋은 것을 넘어 디자인의 공공성을 강화하고 이에 참신한 아이디어가 더해지면 새로운 가치를 창출해낼 수 있다. 나이키와 트렉스타의 제품에서 보듯이 디자인을 통해 얼마든지 사회적 약자를 위한 긍정적인 변화를 이끌어낼 수 있는 것이다. 이런 디자인에는 사회적 약자를 위한 인간미와 배려심이 바탕에 깔려 있음은 두말할 나위가 없다. 디자인이 곧 사회적 약자와 소통하고 기업의 공공성을 드높이는 출발점이 되는 것이다.

# 사사로운 이익보다
# 사람이 먼저다

1998년, 무더위가 한창인 어느 날이었다. 점심 식사를 마치고 공장에 들어서는데 군복을 입은 한 젊은이가 내게 다가와 꾸벅 인사를 했다. 그는 우리 회사의 생산2과에서 근무하다가 군에 입대한 직원이었는데, 공장 동료를 만나러 왔다가 나와 마주친 것이었다.

"휴가 나왔나?"

"그렇십니더."

근무 도중에 입대한 젊은 직원들 대부분은 첫 휴가를 나오면 동료들을 만나기 위해 회사에 들르곤 했다. 그런데 공장 안으로 들어가려는 그의 발걸음이 매우 불편해 보였다.

"와 그리 뒤뚱거리며 걷는 기가? 다리가 아프나?"

"이 군화가 말썽입니더. 새 군화를 신으면 뒤꿈치가 까져서 여간 불편한 게 아닙니더. 차라리 우리 회사가 만든 등산화를 신고 근무하는 게 더 좋겠심더."

"어디 군화 좀 벗어보거래이."

나는 공장 안으로 들어가 그가 신고 있는 군화를 세심하게 살폈다. 겉으로 보기에 그의 군화는 멀쩡했지만 발에 잘 맞지 않아 걷기가 불편했던 것이다. 세월이 많이 흘렀는데도 내가 1970년대에 신었던 군화와 크게 다르지 않았다.

대부분의 사람들은 군화는 으레 무겁고 튼튼해야 한다는 고정관념에 사로잡혀 있다. 그 무렵 우리 회사는 세계 최초로 초경량 등산화를 개발해 세계 시장에서 주목을 받고 있었다.

군 장병이 신는 군화도 가볍고 튼튼하게 만들면 어떨까? 문득 나는 나라를 지키는 군인들의 발에도 우리의 토종 브랜드 기술이 접목된 군화를 신기고 싶다는 생각이 들었다. 그동안 쌓아온 노하우를 군화를 만드는 데 적용하면 명품 군화가 탄생할 수 있을 것이다. 나는 당장 마케팅 팀장을 불러 민간업체도 군화를 납품할 수 있는지 알아보라고 지시했다.

"사장님예, 군화는 아무나 만드는 게 아닙니다. 몇 십 년 동안 군에서 지정한 납품업체가 꽉 잡고 있심더. 그만 포기하이소."

군수품 관계자를 만나고 온 마케팅 팀장은 고개를 절레절레 흔들었다. 군화와 같은 군수품은 국가에서 지정한 납품업체에서 공급을 독점하고 있다는 것이었다. 아무리 신발을 만드는 기술이 뛰어나고 제품이 우수해도 오래도록 굳어진 관행을 뒤집기는 불가능한 일이었다. 마케팅 팀장은 군납업체로 지정받는 것은 낙타가 바늘귀를 뚫고 들어가는 것보다 어렵다고 혀를 내둘렀다.

그래도 나는 포기하지 않았다. 내가 군화를 만들려고 하는 이유는 단순히 돈벌이를 위한 것이 아니었다. 우리나라의 건강한 젊은이라면 어느 누구나 처음 군화를 신었을 때 발뒤꿈치가 까진 경험이 있을 것이다. 나 역시 훈련소에서 군화 때문에 큰 고충을 겪은 적이 있었다. 자대 배치를 받은 후에도 행군 도중 군화가 발에 맞지 않아 한 걸음 옮길 때마다 가시밭길을 걷는 느낌이었다. 나는 양질의 군화를 만들어 우리나라 군인들의 발을 편안하게 해주고 싶었다.

가만히 생각해보니 군화를 만드는 일이 통로가 전혀 없는 것이 아니었다. 나는 우선 군화로 진출할 시장을 국내가 아닌 해외로 돌렸다. 해외에서 우리의 기술을 인정받은 후 국내 시장에 도전할 생각이었다.

## 10년 만에 군화를 납품하다

2000년 유러피안 아웃도어 쇼에서는 아웃도어 제품만이 아니라 군화도 전시되었다. 나는 이곳에서 군화를 수입하기 위해 전시회를 찾은 인도 군 장성을 만났다. 그에게 트렉스타 고유의 기술을 보여주며 인도 군에 맞는 군화를 만들어보겠다고 설명했다. 인도 군이 원하는 것은 강추위에도 발이 얼지 않는 군화였다. 인도 북부 파키스탄 접경 산악지대에서 근무하는 인도 군은 영하 40~50도의 기온 때문에 군화가 얼어 작전을 수행하기가 어려웠다.

나는 우리나라에 돌아오자마자 해외 군화 시장을 개척하기 위한 신기술 개발에 들어갔다. 그동안 쌓아온 기술을 최대한 활용해 인도 군이 요구한 군화를 만드는 데 심혈을 기울였다. 무엇보다도 인도 군의 군화에는 영하 50도의 기온에도 얼지 않도록 특수 처리를 하는 것이 관건이었다.

마침내 나는 시제품을 들고 인도로 건너가 군 장성 50명이 보는 앞에서 프레젠테이션을 하고 또 군화의 성능 테스트를 거쳤다. 이들은 자신들에게 꼭 맞는 군화의 성능과 트렉스타의 기술력에 놀라움을 감추지 못했다. 이듬해 가을, 트렉스타 브랜드로 만든 군화가 최초로 해외에 수출되었다.

인도에 군화를 수출한 데 힘입어 다음에는 러시아 군과 협상을 벌였다. 러시아 군은 온도별로 3가지 등급의 군화를 요구했다. 영하 60도, 40도, 10도를 기준으로 한 군화인데, 이 역시 트렉스타의 기술로 완벽하게 제작했다. 그뿐이 아니었다. 스웨덴에서는 착용했을 때 발이 시원한 군화를 요구해 360도 투습·방수 기능이 있는 '고어텍스 서라운드' 기술로 군화를 제작했다. 여기에는 군화 밑창까지도 땀이 배출되는 기술이 적용되었다. 트렉스타의 군화 제작 기술은 전 세계적으로 인정을 받아 2006년부터는 UN군에 군화를 납품하기에 이르렀다.

해외에 군화를 수출하면서도 나는 늘 우리나라 장병을 위한 군화를 염두에 두고 있었다. 처음 군화를 만든 지 오랜 세월이 흘렀지만, 대한민국 국군 장병에게 편안한 군화를 신게 하고 싶은 마음에는 변함이 없었다. 그러나 세계적으로 인정받는 기술을 가지고도 군 납품업체로 선정되는 것은 여전히 어려웠다.

우리 회사에 기회가 찾아온 것은 2010년이었다. 군화 납품을 독점하고 있던 업체의 군화에 문제가 생긴 것이었다. 이른바 '물 새는 군화' 사건이었다. 군화의 밑창이 떨어져 나가고 물이 새는 등 불량 문제가 곳곳에서 발견되었다. 국방부 감사 결과 군화 납품업체는 규격 제정을 제조업체에 따라 바꾸며 품질검사도 소홀히 했던 것으로 드러났다. 이 사건으로 신형 군화인 기능성 전투화의 입찰 방식이 기술점수 80퍼센트, 가격점수 20퍼센트를 적용하는 '기술 경쟁 입찰' 방식으로 바뀌었다. 2010년에 이르러서야 우리 회사는 군화 납품 경쟁 입찰에 참여했다. 입찰 결과 이미 해외 시장에서 기술력을 인정받은 트렉스타는 압도적인 점수 차이로 군화 공급업체로 선정되었다.

# 신발장이의 남다른 자부심

군화를 인도에 수출한 지 꼭 10년 만이었다.

개발팀은 국산 군화를 만드는 데 그동안 쌓아온 모든 기술력을 총동원했다. 국내용 군화에는 인체공학적 설계로 맨발에 가장 가까운 신발인 '네스핏 기술'을 적용했다. 또한 세계 최경량 등산화를 만든 기술을 바탕으로, 기존 군화보다 130그램가량 가볍게 만들었다. 그뿐이 아니었다. 각 군 고유의 작전을 수행하는 데 따른 특수 기능을 장착했다. 군화라고 해서 다 같은 군화가 아닌 것이다. 해병대 군화는 바다와 육지에서 작전하는 특성을 살려 겉을 '세무'라 불리는 스웨이드suede 처리를 해서 만들었다. 특전사 군화는 앞뒤가 직각으로 파여 있게 바닥 창을 제작했다. 눈 위를 달리면서 작전을 하는 특전사 요원들이 스키를 원활하게 장착할 수 있도록 만든 홈이었다. 공군 파일럿 용 조종화는 비행기에 오르는 조종사들을 위해 미끄럼 방지 기술을 적용했다. 아웃도어 신발에 부착된 '보아 다이얼'을 장착한 군화도 있었다. 해양경찰관용 경찰화는 불법 조업을 하는 중국 선원을 검거할 때를 대비해 만든 신발이었다. 작전 수행 중 신발을 벗고 바다에 뛰어드는 일이 빈번하기 때문이었다.

이 모든 군화의 밑창에는 2만여 명의 족형(발 모양)을 연구해 만든 첨단 시스템을 적용했다. 군화의 성능 테스트 역시 정교하게 실시했다. 그래서 개발팀원들은 직접 새 군화를 신고 야산을 오르다가 지역 주민으로부터 간첩으로 오인 받기도 했다.

1998년 군 복무 중에 휴가를 나온 직원의 군화를 보고 나는 막연하게나마 품격 있는 군화를 꿈꾸었다. 마침내 그런 나의 목표는 10년 만에 이루어졌다. 나는 지금도 거리를 걷다가 휴가를 나온 병사들을 볼 때면 가장 먼저 이들이 신고 있는 군화를 본다. 이 군화에는 내가 처음 군화를 신었을 때와는 달리 첨단 기술이 오롯이 깃들어 있다. 실로 엄청난 군화의 발전이다. 그동안 쌓아온 모든 노하우를 우리 군화에 적용했다고 해도 과언이 아니다.

얼마 전 군 장병이 인터넷에 올린 트렉스타 군화 사용 후기를 본 적이 있다. 그는 이 글에서, 이제는 군화 때문에 더 이상 발이 고생하는 일이 없다면서 양질의 군화를 만들어준 트렉스타에게 감사한다는 뜻을 전했다. 나는 그 글을 읽고 가슴이 뭉클했다. '신발장이'로서의 보람을 한껏 느낀 것이다.

예나 지금이나 나는 우리 군인의 발을 편안하게 해주고 싶은 마음에 변함이 없다. 그리고 기업의 활동이란 모름지기 사람을 향해야 한다는 신념에도 변함이 없다. 특히나 인체에 직접 맞닿는 신발을 만드는 기업인으로서 모든 사업의 본위에 사람이 있을 때 더욱 훌륭한 신발을 만들 수 있다는 철학에도 변함이 없다. 그것이 오랜 신발장이로서의 작은 믿음이자 바람이다.

# 내가 먼저 주는 것이 비즈니스다

나는 비즈니스에 관해서 인간관계를 가장 중요하게 여긴다. 비즈니스는 사람이 하는 일이다. 원활하고 유연한 인간관계는 비즈니스 사회에서 성공의 가장 중요한 요인이다. 또한 업무 능력을 향상시켜 줄 뿐 아니라 장밋빛 미래를 설계하는 데에 길잡이 역할을 해준다.

나는 지금도 자체 브랜드를 갖기 위해 그날 벌였던 K2 책임자와의 협상을 천운으로 여기지 않는다. 그렇다고 나의 조리 있는 설득 때문이었다고도, 서로가 조건이 맞아떨어진 이해관계 때문이었다고도 여기지 않는다. 그렇다면 그날 협상의 성공 비결은 무엇이었을까?

내가 K2 관계자들과 오래토록 맺어온 신뢰와 인간관계라고 확신한다. 나는 비즈니스를 시작할 때부터 줄곧 K2 관계자들과 좋은 관계를 유지해왔다. 그런 신뢰와 인간관계가 바탕이 되어 윈윈게임을 끌어낼 수 있는 토대가 마련된 것이다. 만약 그들과 나 사이의 인간관계가 원활하지 않았다면 그날의 협상은 무척 어려웠을 것이다.

나는 사회에 첫발을 내딛자마자 수많은 해외 바이어들을 만났고, 또 그들과 많은 대화를 나누었다. 처음에는 업무적인 대화에 치중하다가 서로 돈독한 관계로 발전하면 대화 내용이 자연스럽게 그 나라의 문화와 역사 등으로 이어진다. 즉 이제 비즈니스 파트너가 아니라 '프렌드십' 관계가 되는 것이다. 내가 해외 바이어들을 통해 얻은 경험은 의외로 단순하다. 무엇보다 정직과 신뢰를 바탕으로 한 인간관계를 최우선적으로 고려해야 한다는 사실이다. 그들과 나의 문화적·역사적 경험과 환경이 다르지만, 인간의 본성이란 어느 나라 사람이든 같기 때문이다.

앞서 밝힌 것처럼 나는 해외 바이어들을 접대할 때 나만의 독특한 습관이 있다. 그들을 우리나라의 역사와 문화가 숨 쉬는 곳, 이를테면 경주와 공주 등의 천년 고도로 안내한다. 이들은 술이나 향응 등의 접대보다 우리나라의 역사 현장을 체험하는 것을 더욱 선호한다. 내가 지금까지 만나본 바이어 중에 이를 좋아하지 않은 사람은 단 한 명도 보지 못했다. 그뿐이 아니다. 나는 주말이면 해외 바이어들을 우리 집으로 초대한다. 영양사 출신인 아내는 우리나라의 전통 요리를 잘하는 편이다. 나는 해외 바이어들에게 아내가 정성을 다해 만든 요리로 우리나라의 음식 문화를 알린다. 식사 후에는 우리 딸과 아들의 바이올린과 클라리넷 연주와 노래를 들으면서 마음을 나눈다. 우리의 유적지를 탐방하고 집에서 식사를 하면서, 또 우리 집의 분위기 속으로 끌어들이면서 그들과 나 사이에 자연스럽게 인간관계가 형성되는 것이다.

나는 우리 가문의 10대 종손이기 때문에 수백 년 된 고가구와 골동품이 많은 편인데, 바이어들이 그것들을 보고 신기해하거나 좋아하면 다음 날 바로 포장을 해서 외국의 그들 집으로 보내준다. 그래서 우리 집에는 이제 남아 있는 것이 별로 없다. 세상에 하나밖에 없는 물건인데 아깝지 않으냐고 묻는 이들이 있지만, 그건 '주는 마음'

을 잘 몰라서 하는 말이다. 바이어들이 그 물건을 통해 우리나라와 우리 회사를 오랫동안 기억해준다면 그것이야말로 가장 큰 선물이다.

## 사람의 기를 모아야 제왕이 될 수 있다

옛날 중국에서는 세 가지의 기를 습득한 자가 제왕이 될 수 있다고 했다. 첫 번째는 천기天氣로서, 하늘의 기를 붙잡는 것이다. 두 번째는 지기地氣로서, 땅의 기운을 붙잡는 것이다. 세 번째는 인기人氣로서, 사람의 기를 붙잡는 것이다.

이 세 가지의 기를 붙잡는 방법을 터득해야 제왕이 될 수 있다는 것이다. 그중에서도 가장 어려운 것이 '인기'다. 지금도 인기를 붙잡는 방법을 알 수만 있다면 정치가나 연예인들이 얼마든지 돈을 써서 그 방법을 배우려 할 것이다. 여기서 말하는 '인기'란 넓은 의미로 '인간관계'를 뜻한다. 결국 제왕은 하늘과 땅, 그리고 사람을 자기편으로 만들어야 하는데, 그중에서도 가장 든든한 인간관계를 돈독히 한 자가 제왕의 자리에 오를 수 있다.

그러나 간혹 독불장군 식으로, 혼자서 무엇이든 처리하려는 사람을 볼 수 있다. 자신의 힘을 과신한 나머지 모든 일을 독단적으로 처리해 스스로 곤경에 빠지는 경우를 나는 종종 보았다. 이런 독단적인 방법은 비즈니스맨에게 있어서 가장 위험한 사고방식이다. 이 세상은 서로가 협력해야 능률을 올릴 수 있고, 그런 가운데 자신의 능력도 향상된다. 또한 상대를 내 편으로 만들면 모든 일이 쉬워지고 일을 더욱 능률적으로 처리할 수 있다. 자신의 힘을 과신하기 전에 현명한 대인관계를 만드는 것이 프로 비즈니스맨이 할 일이다.

그렇다면 진정한 인간관계란 무엇일까? 마음을 움직일 수 있는 사람이 되는 것이다. 진정한 우군은 위기에 처해 있을 때 극명하게 드러난다. 위기에 처했을 때 언제 봤냐는 듯이 등을 돌리는 사람이 있는가 하면, 자신의 처지를 위로하고 따뜻한 손길을 내미는 사람이 있다. 따라서 사람을 만날 때는 일에 도움을 받기 위해서나 돈벌이를 우선으로 생각해서는 안 된다. 사람을 처음 대할 때는 대담하게, 그리고 그 이후에는 상대가 처한 상황을 세심하게 살피면서 내 편으로 끌어들여야 한다.

## 작은 일에도 정성을 기울여야 한다

인간관계가 중요한 이유는 우리 사회가 사람과 사람의 관계로 이루어져 있기 때문이다. 사람이 세상과 모든 일의 중심에 있기에, 사람을 소홀히 해서는 큰일을 할 수 없다. 비즈니스의 근간이 되는 팀이나 조직 등도 사람과의 관계로 이루어져 있다. 그 어떤 사회와 조직에서도 사람과의 관계를 떠나서는 아무런 일도 이루어질 수가 없다. 결국 사람과 사람이 어떤 관계를 유지하느냐에 따라 앞으로의 미래가 달라질 수 있다.

내가 K2 책임자와의 협상 과정에서 정직과 신뢰에 바탕을 둔 인간관계에 대해 역설했던 것도 그런 이유 때문이다. 비즈니스 사회에서 약속은 상대와의 신뢰관계를 유지하는 데 가장 기초적인 조건이다. 신용은 약속을 지키는 데서 시작한다. 다른 사람에게 믿음을 주는 것, 즉 신용은 모든 인간관계 형성의 바탕인 것이다.

또 한 가지 중요한 것은 사람을 대할 때면 작은 일에도 정성을 기울여야 한다는 사실이다. 상대를 감동시킬 수 있는 정성만 있으면 누구나 큰일을 해낼 수 있다. 철저한 경쟁사회일수록 외로움을 느끼는 사람이 많고 그들은 자그마한 정성에도 감동한다. 인간을 감동시키는 일은 좋은 인간관계를 꾸준하고 지속적으로 유지하는 데 결정적인 역할을 한다.

지금도 나는 그날의 협상을 잊지 못한다. 겉으로는 강한 어조로 설득에 나섰지만, 너무 긴장한 나머지 등줄기에서는 내내 식은땀이 흘러내렸다. 그날의 협상이 실패했다면 어떻게 되었을까? 아마 현재의 트렉스타는 영원히 태어나지 못했을지도 모른다. 행여 토종 브랜드를 갖는다고 해도 더 오랜 세월과 시련이 뒤따랐을 것이다.

# 휴먼
# 원정대

2004년 5월, 엄홍길 대장이 나를 찾아왔다.

"요즘 통 잠이 오지 않습니다."

엄홍길 대장은 나를 보자마자 다 죽어가는 목소리로 말했다. 그의 얼굴은 한 달 전에 봤을 때보다 훨씬 수척해 있었다.

"무슨 일이 있습니까?"

나는 조심스레 물었다.

2004년 당시 엄홍길 대장은 트렉스타의 기술고문으로서 전문 등산화를 개발하는 데 많은 조언을 해주고 있었다. 세계 지붕을 넘나들며 그 누구보다 등산화에 정통한 엄 대장은 현장 게스트를 맡기에 충분한 자격을 가지고 있었다. 엄 대장은 등산화뿐 아니라 히말라야 16좌 완등 노하우를 적용한 등산복 '16Peaks' 라인 개발에도 참여했다.

"그 친구가 자꾸 눈에 밟힙니다……."

나는 엄 대장이 말하는 '그 친구'가 누구인지 금방 알아차렸다. 그는 바로 박무택 대원이었다.

박무택 대원은 2004년 5월 18일 계명대학교 에베레스트 원정대에 참여한 산악인이었다. 그는 에베레스트 정상에 오른 후 하산 길에 설맹(각막염증)으로 인해 에베레스트 부근에서 고립되었다. 더 이상 하산이 어렵게 되자 그는 원정대 동료를 설득해 먼저 하산시킨 후 에베레스트 정상 부근에서 홀로 최후를 맞이했다. 박 대원은 엄홍길 대장과도 막역한 사이였다. 2000년부터 엄 대장과 함께 칸첸충카, K2, 시샤팡마 등 히말라야의 험준한 고봉을 오르며 삶과 죽음의 고비를 함께해온 인물이었다.

"아무래도 다시 가봐야 할 것 같습니다……."

엄 대장은 말끝을 흐렸다. 그의 눈 속에는 에베레스트의 하얀 눈 속에 파묻힌 동료 대원의 시신이 어른거렸다.

나는 그런 엄 대장의 심정을 이해했다. 얼마 전까지만 해도 생사고락을 함께하던 동료 대원이 세상을 떠나고 말았다. 산사나이는 산에서 죽는 것을 결코 두려워하지 않는다. 어느 산악인은 오히려 산에서 죽는 것을 행운이라고도 여긴다. 박무택 대원은 산에서 운명을 다했으나, 그의 육신은 아직도 에베레스트 정상 부근에 외롭게 방치되어 있었다. 에베레스트 원정길에 오른 다른 대원들이 그의 시신을 봤다는 목격담이 종종 들려왔던 것이다. 엄 대장은 세계의 수많은 산악인이 오르내리는 등반 루트 한복판에 동료 대원의 시신이 그대로 방치된 것을 빤히 알고도 차마 모른 체할 수가 없었던 것이다.

나는 그런 엄 대장에게 마땅히 해줄 말이 없었다. 엄 대장 역시 내게서 어떤 말을 기대한 것 같지는 않았다. 오죽 답답했으면 나를 찾아왔을까. 엄 대장은 그렇게 몇 마디만 툭 내던지고는 쓸쓸히 내 방을 나갔다.


## 산사나이들의 우정과 의리

일주일 후 엄 대장이 다시 나를 찾아왔다.

"아무래도 안 되겠습니다. 하루 빨리 히말라야로 가서 박무택 대원의 시신을 수습해야겠습니다."

처음 나는 엄 대장의 말을 잘못 들은 게 아닌지 귀를 의심했다. 박무택 대원의 시신을 수습하러 다시 그곳에 간다니……. 그의 시신이 있는 곳은 에베레스트 정상 부근이었다. 엄 대장과 같은 전문 산악인도 그곳까지 가는 것은 어려운 일이다. 시신 수습을 위한 원정길은 일반 원정길보다 서너 배는 더 힘이 들 것이었다.

"더 이상 미룰 수가 없습니다."

결의에 찬 엄 대장의 목소리는 분명하고 또렷했다. 그의 얼굴에서는 꽤 오랫동안 고민한 흔적이 엿보였다. 지난주에 나를 찾아온 후로 이미 마음의 결정을 내린 듯했다.

"다시 한 번 잘 생각해보십시오. 동료 대원을 위한 길이기는 하나, 이건 너무 위험한 일입니다."

솔직히 나는 그런 엄홍길 대장을 말리고 싶었다. 그의 마음을 모르는 바는 아니나, 이는 너무나도 위험한 원정이었다. 세계 어느 원정대에서도 시신을 수습하기 위해 에베레스트를 다시 찾아간 사례는 없었다.

"그 친구의 시신을 찾지 못하면 평생 짐을 지고 살아가야 할 겁니다."

엄 대장의 눈빛이 반짝 빛났다. 나는 그런 엄 대장의 각오를 꺾을 수가 없었다. 그의 마음은 이미 에베레스트에 도착해 있었다.

그로부터 한 달 후, 엄 대장의 결심을 전해 들은 옛 동료들이 하나둘 모여들었다. 그들은 엄 대장과 험한 봉우리를 넘나들며 생사고락을 함께 나눈 전문 산악인들이었다. 그들 중에는 이미 산과 떨어져 새로운 삶을 살고 있는 이들도 있었다. 그러나 그들은 오직 한마음으로 다시 뭉쳤다. 동료 대원의 시신을 저 먼 설원에 외롭게 방치하지 않겠다는 산사나이들의 우정과 의리였다.

"역시 산사나이들의 의리는 아무도 못 말립니다, 허허."

엄 대장은 내게 옛 동료들을 소개시켜주며 껄껄 웃었다. 오랜만에 보는 그의 미소였다.

그해 겨울, 박무택 대원의 시신을 수습할 에베레스트 원정팀이 꾸려졌다. 엄 대장은 원정팀의 이름을 '휴먼 원정대'라고 지었다.


## 다시 에베레스트를 향하여

휴먼 원정대의 이번 원정은 인간의 한계를 넘어선, 세계 산악사 초유의 등정이었다. 에베레스트 정상에 오르는 것보다 훨씬 힘든 등반이 될 것이었다. 일반 원정이 아닌, 시신 수습을 위한 원정이기 때문이었다. 실종 추정 지역을 수색해야 하는 어려움이 뒤따랐다. 또 시신 수습 장비를 지니고 직접 수색작업을 벌여야 하는 만큼 체력 소모가 엄청날 것이었다. 박무택 대원의 시신이 있는 곳은 8,750미터의 암벽 구간으로 알려져 있었다.

내가 휴먼 원정대를 위해 해줄 수 있는 것은 무엇일까?

나는 휴먼 원정대 대원들이 원정 준비를 하는 것을 지켜보면서 내가 할 일을 찾아 나섰다. 처음 박무택 대원의 시신을 수습하고 싶다는 말을 들었을 때부터 엄 대장을 지원해주고 싶었다. 그가 우리 회사의 기술고문이기 때문만은 아니었다. 산사나이들의 진한 우정과 의리에 감동을 받은 것이다.

나는 휴먼 원정대의 경비 지원뿐만 아니라 본연의 임무대로 휴먼 원정대의 등반에 적합한 전문 등산화를 개발하기로 했다. 휴먼 원정대가 에베레스트로 떠나기에는 아직 시간이 넉넉했다. 사실 이 전문 등산화는 지난해부터 엄 대장이 트렉스타 개발팀에 끊임없이 요구하던 등산화였다.

엄 대장은 우리 토종 브랜드로 세계적인 등산화를 만들어보겠다는 열의가 뜨거웠다. 그는 대중적인 등산화만으로는 세계적인 브랜드로 성장할 수 없다는 생각을 가지고 있었다. 그래서 전문 산악인을 겨냥한 고급 전문 등산화 개발을 제안한 것이었다. 전문적인 등산화가 시장성이 없을지 모르나, 앞으로 트렉스타가 발전하는 데 큰 기여를 할 것이라고 주장했다.

나는 엄 대장이 제안한 전문 등산화를 이번 휴먼 원정대의 출발에 맞춰 개발하기로 했다. 휴먼 원정대가 에베레스트 등반을 준비하는 과정에 맞춰 신제품 개발에 들어갔다. 개발팀에서는 또 다시 반복적인 시제품 개발과 착화 테스트 그리고 보완 과정이 이어졌다. 마침내 전문 등산화 '어코드'가 탄생했다. 국내에선 더 이상 필적할 것이 없을 만큼 합격점을 받은 등산화였다.

인간을 거부하는 거칠고 험한 땅 히말라야는 전 세계에 우리 등산화의 품질을 입증할 수 있는 최고의 시험장이 될 것이다. 영하 40~50도까지 떨어지는 극한 기후에서도 한국의 토종 등산화가 휴먼 원정대의 안전한 동반자가 되어줄 것이다.

엄 대장은 이번에 개발한 전문 등산화에 만족감을 표시했다. 무엇보다 체력 소모가 많은 이번 원정에서 대원들의 체력 안배와 발의 편안함을 위해 만든 등산화였다.

드디어 2005년 3월 14일, 휴먼 원정대는 에베레스트를 향해 출발했다. 이번 원정길에는 이들을 취재할 방송국 팀도 동행했다.


## 히말라야는 영원하다

휴먼 원정대가 히말라야로 향한 후 나는 하루도 빠짐없이 그들의 동향에 귀를 기울였다. 일주일 전에는 휴먼 원정대가 에베레스트 중턱에 베이스캠프를 쳤다는 소식이 들려왔다. 엊그제는 박무택 대원의 아내가 베이스캠프에 도착했다는 소리가 전해져 왔다. 원정대는 하루에 두 번 꼴로 트렉스타 본사에 연락을 해왔다. 원정대에서 들려오는 소식은 늘 간단명료했다. 원정대의 일정은 실시간으로 내게까지 전달되었다.

하루하루가 기다림의 연속이었다. 이들의 동정은 간간이 언론에도 보도되어 많은 사람들이 관심을 가지고 지켜보았다. 나는 원정대가 에베레스트 중턱에 베이스캠프를 친 후로는 일손이 잘 잡히지 않았다. 행여 일이 잘못되지는 않았는지 늘 노심초사했다. 나의 몸은 부산 본사에 머물고 있었지만, 마음은 에베레스트 한가운데에 머물고 있었다. 비록 그들과 함께할 수는 없지만, 그들의 숭고한 뜻이 이루어지기를 간절히 기다렸다.

"사장님예, 원정대에서 연락이 왔심더."

개발팀의 김 부장이 부랴부랴 내 방으로 찾아왔다.

"뭐, 뭐라 카드노?"

"박무택 대원의 시신을 발견했다고 합니더. 지금 시신을 수습하기 위해 운구중이라 합니더."

휴먼 원정대에서 연락이 온 것은 2005년 5월 29일이었다. 네팔로 출국한 지 76일 만이었다.

"헌데, 시신을 운구하기가 만만치 않은 것 같심더."

원정대와의 통화는 아주 짧은 시간 동안만 허락되었다. 원정대 관계자는 박무택 대원의 시신을 찾았다는 소식만 간단히 전해주었다. 아무래도 시신을 운구하기가 수월한 것 같지가 않았다. 하긴 100킬로그램의 얼어 있는 시신을 운구하는 것이 얼마나 어려운 일인가. 게다가 에베레스트 정상의 눈보라로 인해 시야를 확보하기도 쉽지 않을 것이었다.

나는 두 손을 모아 간절히 기원했다. 이제부터가 가장 어려운 고비가 될 것이다. 세계 산악사 초유의 '죽음의 지대' 8,000미터 급 고도에서의 시신 운구 작업이 이루어지는 것이다.

원정대에서 다시 연락이 온 것은 그날 저녁이었다. 원정대는 3시간 이상 박무택 대원의 시신을 얼음에서 떼어내는 작업을 거쳐 시신을 수습한 후 에베레스트 정상 부근에 돌무덤을 쌓아 안치했다고 전해왔다.


## 에베레스트 정상에 돌무덤을 만들다

다음 날 휴먼 원정대의 활약상은 각 언론에 보도되었다.


> 세계적인 산악인 엄홍길(45. 트렉스타) 등반 대장이 이끄는 휴
> 먼 원정대는 29일 오후 1시 20분께(이하 한국 시간) 박무택 대원
> 의 시신을 수습했다. 엄 대장과 원정대원, 셰르파 등 15명은 이
> 날 3시 30분께 박무택 대원의 시신을 세컨드 스텝(가파른 암벽 구
> 간) 위에 돌무덤을 쌓아 안치했다고 베이스캠프 관계자가 전해왔
> 다. 원정대원들은 박 씨의 유품을 수습해 이날 오후 5시께 캠프3
> 으로 무사 귀환했다.


이로써 휴먼 원정대의 등반은 막을 내렸다. 세계 산악사에 길이 남
을 이들의 위대한 여정이 끝난 것이다.

휴먼 원정대가 귀국하고 일주일 뒤 엄홍길 대장이 나를 찾아왔다.

"엄 대장님, 정말 고생 많으셨습니다."

나는 환한 표정으로 엄 대장을 맞이했다. 그러나 엄 대장의 얼굴
은 어두웠다.

"박무택의 시신을…… 꼭 고국으로 데려오려고 했는데……."

엄 대장은 말을 잇지 못하고 울먹였다. 나는 그런 그의 심정을 충분히 이해했다. 원래 엄 대장의 목표는 박무택 대원의 시신을 고국으로 데려오는 것이었다. 그러나 눈보라 속에 얼어 있는 박 대원의 시신을 수습해 돌무덤이라도 만든 것은 정말 잘한 일이었다.

원정대원들은 하산하면서 100미터를 이동하는 데 두 시간 이상이 소요되는 등 운구작업에 큰 어려움을 겪었다. 그들은 생과 사를 오가는 악천후 속에서도 동료의 시신을 끝까지 수습하려고 했다. 엄 대장은 원정대원들을 지켜보면서 악천후로 인해 또 다른 사고가 이어질 것을 염려했다. 그는 마지막으로 박무택 대원의 아내와 무선 교신을 한 후 박무택 대원의 시신을 히말라야 정상 부근 양지바른 곳에 묻어주고 무거운 발걸음으로 하산했다.

엄 대장은 여전히 박무택 대원의 시신을 고국으로 데려오지 못해 아쉬운 얼굴이었다.

"엄 대장님은 할 만큼 했습니다."

나는 엄 대장을 위로했다. 그의 얼굴은 아쉬움과 미련이 복잡하게 섞여 있었다. 엄 대장은 내게 가볍게 인사를 한 후 쓸쓸히 사라졌다.

대체 산사나이들의 우정이란 무엇일까. 나는 엄 대장의 뒷모습을 보면서 문득 그런 생각이 들었다. 어찌됐든 에베레스트에 묻힌 박무택 대원은 더 이상 외롭지 않을 것이라는 생각이 들었다.

# 그로부터 10년 후, 영화로 태어나다

"아빠, 그 영화 봤어?"

찬바람이 부는 겨울, 저녁 식사를 하는데 딸아이가 물었다.

"무슨 영화?"

"〈히말라야〉 말이야. 황정민이 주인공으로 나오는 영화."

"물론이지."

2015년 연말, 나는 〈히말라야〉를 부산에서 아내와 함께 봤다. 실화를 바탕으로 제작된 이 영화의 배경은 고 박무택 대원 등 계명대 산악회 동료 3명의 시신을 수습하기 위해 엄홍길 대장이 이끌었던 휴먼 원정대의 감동적인 이야기다. 세계 최고봉에 오르는 산악인들의 힘든 현장 이야기와 동료애, 악천후, 자연과의 사투 등을 잘 담아내고 있다.

"영화는 어땠어? 아빠는 이 영화에 대해 잘 알고 있잖아."

딸아이의 말대로 나는 어느 누구보다 이 영화의 배경을 잘 알고 있다. 지금도 10년 전 그때를 떠올리면 가슴이 뭉클해진다. 트렉스타 본사에서 원정대의 연락을 기다리던 때의 초조함이 아직도 생생하다. 영화를 보는 동안 내내 10여 년 전의 감흥이 밀려왔다.

솔직히 이 영화를 보고 아쉬움이 적지 않았다. 산사나이들의 치열함을 담아내는 데 조금 부족하지 않았나 싶다. 그들의 의리와 우정을 좀 더 리얼하게 만들었으면 어땠을까. 영화관을 나오면서 자꾸 그런 생각이 들었다.

"아직 해야 할 일이 남아 있습니다."

휴먼 원정대가 해산한 후에도 대원들에게는 아직 할 일이 남아 있었다. 엄홍길 대장은 내게 박무택 대원의 유족과 셰르파들을 돕자고 제안해왔다. 나는 흔쾌히 엄 대장의 말에 동의했다.

우선 박무택 대원의 유족과 셰르파 가족을 위해 '휴먼장학금'을 조성해 장학지원사업을 진행했다. 무엇보다 고 박무택 대원의 시신을 수습해 감동을 준 휴먼 원정대의 정신을 기념하고 싶었다. 또한 히말라야 도전 중 희생된 국내 산악인과 셰르파들의 유가족을 돕고 싶었다. 엄 대장 역시 다양한 프로그램을 만들어 그들을 지원하고 있다.

벌써 10년이라는 세월이 흘렀지만, 마치 엊그제의 일처럼 생생하다. 요즘도 엄홍길 대장과 만나면 휴먼 원정대의 이야기를 꺼낸다. 그때마다 나는 산사나이들의 진한 우정이 다시금 가슴에 진하게 새겨지는 것을 느끼고는 한다.

# 시련과 실패가
# 존재하는 이유

"

지치고 힘들어 그만두고 싶을 때,
그때가 가장 좋은 출발점이다.
지쳐 쓰러질 만큼 부단히 쌓아온 것들을
비로소 실현하고 증명할 수 있는
시간이 다가온 까닭이다.

"

# 실패 없는 성공은
# 진짜 성공이 아니다

"사장님예, 큰일 났심더."

트렉스타가 정식으로 출범한 지 얼마 지나지 않았을 때였다. 유럽 출장에서 귀국한 나는 먼저 본사에 전화를 걸었다. 그런데 수화기에서 흘러나오는 조 부장의 목소리가 떨리고 있었다.

"대체 무슨 일인데 그라노? 천천히 좀 말해보거래이."

나는 수화기를 꼭 움켜쥐었다. 아무래도 파리 공항에서 한국으로 향하는 동안 심상치 않은 일이 벌어진 것 같았다.

"고, 공장에 부, 불이 났심더."

불이라니! 청천벽력 같은 소리였다.

"언제 불이 났단 말이고?"

파리 공항에서 비행기 탑승 직전에 조 부장에게 전화를 했을 때만 해도 아무 일이 없었다.

"이제 두 시간 정도 됐다 아입니꺼."

나는 김해 공항을 나오자마자 유럽 출장길에 동행한 아내와 함께 택시를 잡아탔다. 공장에 불이 났다는 소리에 아내의 얼굴은 백짓장처럼 하얗게 질려 있었다. 하긴 아내가 그럴 만도 했다. 창업 이후 벌써 세 번째 화재였다. 공장으로 가는 동안 나 역시 정신을 차릴 수가 없었다. 조 부장은 상세한 설명을 하지 않았지만, 보통 화재 같지가 않았다.

본사에 도착하자마자 곧바로 공장으로 향했다. 이미 소방차가 도착해서 화재를 진압한 뒤였다. 공장 바닥에 흥건하게 고인 시커먼 물이 바깥으로 줄줄 흘러나오고 있었다. 회사로 오는 동안 마음을 다잡으려 무던히 애를 썼지만, 막상 그 광경을 눈으로 목격하니 앞이 캄캄했다.

"이를 우짜노, 이를 우짜노."

아내는 검게 그을린 공장 앞에 털썩 주저앉아 울기 시작했다. 공장 안은 희뿌연 연기로 가득했다. 나는 공장 입구에 서서 망연자실한 표정으로 안을 들여다보았다. 이전에 있었던 두 번의 화재와는 비교가 되지 않았다. 1992년의 첫 화재 때는 창고에 불이 나 2억여 원의 피해를 보았다. 그 이듬해에는 쓰레기장에 불이 나면서 건물 일부를 태웠다. 이번에는 공장이 전소해 해외로 수출할 제품이 검은 잿더미로 변해 있었다. 대충 눈짐작으로 봐도 20억여 원 이상의 피해가 될 것 같았다.

"사장님예, 죄, 죄송합니더."

공장장인 강 부장이 내 앞으로 힘없이 다가와 고개를 숙였다. 직원들 모두 하나같이 표정이 없었다. 나는 애써 여유를 잃지 않으려고 했으나 마음과는 달리 몸이 말을 듣지 않았다. 양다리에 힘이 쭉 빠지고 눈앞이 핑 돌았다. 아내는 여전히 잿더미로 변한 신발을 움켜쥔 채 울고 있었다.


## 잿더미에서 발견한 희망


"그만 울거래이."

나는 아내를 일으켜 세우고 공장 주변을 두리번거렸다. 아직도 공장 안에서는 매캐한 연기가 뿜어져 나오고 있었고, 직원들은 어찌할 바를 몰라 발만 동동 굴렀다. 그들의 얼굴은 하나같이 딱딱하게 굳어 있었다.

"너무 늦었다. 그만들 들어가래이. 공장 안은 내일 날이 밝으면 치우도록 하자."

나는 직원들과 아내를 집으로 돌려보냈다. 자정이 넘은 시각이었다.

이제 모두 떠나가고 공장 안에는 나만이 홀로 남았다. 차마 전소된 공장을 두고서는 발길이 떨어지지 않았다. 앞날이 막막했다. 무엇보다 완제품이 모두 불에 타 납기일을 제대로 맞출 수 있을지 의문이었다.

오만가지 잡생각이 머리를 휘감았다. 온갖 시련을 이겨냈지만, 화마 앞에서는 별 재간이 없었다. 하늘은 왜 내게 이런 가혹한 시련을 내리는가.

나는 한동안 멍하니 서 있다가 미친 듯이 공장 안으로 들어가 구석구석을 뒤졌다. 행여 하나라도 건질 만한 신발이 있는지 꼼꼼하게 살폈다. 그러나 해외로 납품할 신발은 모두 새카맣게 재로 변해 있었다.

그때였다. 불에 탄 잿더미 속에서 뭔가 반짝이는 게 보였다. 나는 잿더미 속으로 들어가 그것을 손으로 건져 올렸다. 노트 크기만한 액자였다. 사진 속에서는 60여 명에 이르는 직원들이 환하게 웃고 있었다. 지난 봄, 회사에서 야유회를 갔을 때 찍은 사진이었다. 사진을 보자 직원들의 얼굴이 하나둘 떠올랐다. 이들은 내 가족과 같은 사람들이다, 회사가 힘들고 어려울 때 묵묵히 회사를 지켜준 사람들이다, 신제품 개발에 매달리느라 늦은 밤까지 연구에 몰두한 사람들이다, 수주 물량을 조금이라도 더 따내려고 해외 바이어들을 밤새 쫓아다닌 사람들이다!

나는 갑자기 막중한 책임감을 느꼈다. 그들의 생계뿐만이 아니라 그들의 미래와 희망도 내 손에 달려 있다는 생각이 들었다. 액자 옆으로는 불에 반쯤 타다 만 사진이 보였다. 공장장인 강 부장의 아들인 영호의 사진이었다. 사진 옆으로 '아빠 힘내세요!'라는 글귀가 보였다. 그 아이는 강 부장이 마흔이 다 되어서 나온 늦둥이 아들이었다.

## 화재가 내게 가르쳐준 것

"아무리 힘이 들어도 아들 녀석 얼굴만 보면 힘이 절로 솟는다 아입니꺼."

6년 전 강 부장의 집에서 영호의 돌잔치를 벌이던 때가 떠올랐다. 강 부장은 내내 아들 녀석이 장래 장군이 될 거라면서 미소를 잃지 않았다.

나는 공장 안으로 깊숙이 들어갔다. 공장 안에 남아 있는 흔적은 그것만이 아니었다. 직원들이 앉아 있던 책상, 화장실에 걸려 있던 거울, 어느 누군가 두고 간 수첩까지 하나하나 눈에 들어왔다. 발길이 머무는 곳마다 직원들의 숨결이 느껴졌다. 그들이 만들어낸 신발은 검게 타고 없지만, 그들의 손길은 느낄 수가 있었다. 이걸 두고 일체감이라고 하는 걸까.

이대로 주저앉을 수는 없었다. 내일부터 당장 보란 듯이 일어서는 것이다. 이까짓 화재 따위로 주저앉는 것은 내 자존심이 용납하지 않았다. 나는 두 주먹을 불끈 쥐었다. 갑자기 하늘을 원망하던 절망감은 사라지고 가슴 깊은 곳에서 이상한 기운이 솟아났다. 액자 속에 있는 직원들의 밝은 얼굴, 강 부장 아들의 사진과 글, 그리고 공장 안에 남아 있던, 화마조차 삼키지 못한 직원들의 숨결이 내 가슴을 조용히 흔들었다.

그날의 화재는 내게 작은 깨달음을 안겨주었다. 그동안 앞만 보고 불도저처럼 달려왔다. 자나 깨나 혁신적인 신제품 개발과 주문 납기일을 맞추는 것에만 매달렸다. 하지만 진정으로 회사 직원들을 꼼꼼하게 챙긴 적이 있었던가.

내가 우리 회사 직원들의 소중함을 깨우친 것은 그날 화재를 겪고 난 후부터였다. 너무 일에 열중한 나머지 내 곁에 소중한 사람이 있다는 것을 모르고 지내왔다. 우리 회사를 이끌어가는 것은 내가 아니라 바로 그들이었다.

그날 잿더미에서 내가 발견한 것은 검은 재로 변한 신발이 아니었다. 미처 내가 발견하지 못했던 작은 희망과 사랑이었다.


## 절망하기에는 너무 이르다


화재가 발생한 다음 날, 나는 아침 일찍 회사에 도착했다. 간밤에 한숨도 자지를 못했다. 딸아이도 공장에 불이 난 것을 알았는지 엄

마 아빠의 눈치만 살필 뿐 말이 없었다.

회사에 도착하자 공장 앞에는 뜻밖의 광경이 펼쳐지고 있었다. 전 직원이 소매를 걷어 올리고 화재 복구에 열을 올리고 있었던 것이다. 출근 시간 한참 전인 아침 7시였다. 나는 직원들이 흘리는 구슬땀을 보자 다시 희망이 절로 솟았다. 직원들을 일일이 찾아가 힘을 내자고, 화마도 우리의 꿈을 앗아갈 수는 없다고 독려했다. 직원들은 내 태도를 보며 하나같이 의아한 표정을 지었다. 공장이 전소되어 실의감에 젖어 있을 줄 알았는데, 내 얼굴이 의외로 밝아 보였기 때문이다.

공장 안은 지난밤에 보았을 때보다 더 참혹했다. 직원들은 온전한 신발 한 켤레라도 건지려고 공장 안을 샅샅이 뒤졌지만, 거의 전소된 터라 양호한 신발은 남아 있는 것이 하나도 없었다. 그러나 나는 실망하지 않았다. 신발은 얼마든지 다시 만들 수 있으나, 간밤의 공장 안에서 발견한 희망은 쉽게 만들 수 있는 것이 아니었다. 그나마 다행인 것은 공장 기계가 있는 설비실은 화마가 닿지 않았다는 사실이었다.

전 직원이 합심한 덕분에 공장은 일주일 만에 복구되었다. 설비실과 개발실도 모두 제자리를 찾았다. 회사가 서서히 안정을 찾아가자 이제야 비로소 고민거리가 하나둘씩 고개를 들기 시작했다. 화마는 물질적인 피해만 입힌 것이 아니었다. 신용이 문제였다. 당장 해외로 수출할 물량이 부족했다. 무엇보다 약속된 주문 납기일을 지키지 못할 것이 걱정되었다.

당장 해결해야 할 문제는 완제품을 빨리 만들어서 주문 납기일에 맞추는 것이었다. 직원들은 너나 할 것 없이 밤샘 근무를 자청했다. 그들 역시 주문 납기일이 얼마나 중요한지 잘 알고 있었다. 그때까지 나는 단 한 번도 주문 납기일을 어긴 적이 없었다. 공장 안은 한 달 가까이 한 번도 쉬지 않고 돌아갔다. 식사 시간도 아까워서 공장 안으로 음식을 배달해서 끼니를 해결했다. 그러나 전 직원이 달려들어도 주문 납기일을 맞추는 것은 불가능해 보였다. 그런 가운데 납기일이 점점 다가오고 있었다.


## 무엇보다 신용이 최우선이다


"도저히 납기일을 맞추기가 어렵겠심더. 다른 방법을 찾아야겠심더."

공장장도 얼마 가지 않아 두 손을 들었다. 달리 뾰족한 방법이 없었다. 공장을 풀가동해서 주문 물량을 맞추려면 두 달 정도가 필요했다. 그것도 전 직원이 밤샘 근무를 해야 가능한 일이었다. 그런데 납기일은 불과 한 달밖에 남지 않았다. 주문 물량을 실은 선박 운항 기일을 감안하면 한 달이 부족했다. 한마디로 진퇴양난이었다.

"더 늦기 전에 납기 연기 공문을 보내야 하겠심더."

가장 속이 타는 부서는 해외영업팀이었다. 이들은 주문 납기일을 맞추지 못할 것이니 미리 연기 공문을 보내자고 제안했다.

"화재로 인한 사고라고 하면 주문처에서도 우리를 이해할 겁니더."

그러나 나는 어떻게든 납기일을 맞추고 싶었다. 이유야 어떻든 간에 납기일을 어기는 것은 있을 수 없는 일이었다. 이는 단순히 주문처와 납품처의 신뢰 문제만이 아니었다. 주문처에서 물량을 확보하지 못하면 다른 거래처에도 도미노 현상이 일어나기 마련이다. 직장생활을 하면서 나는 이와 같은 일을 여러 차례 목격했다. 신용은 그어떤 변명도 통하지 않았다.

나는 깊은 고민에 빠졌다. 해외영업팀이 제안한 대로 공장 화재로 인해 물량을 맞출 수 없다는 공문을 보내면 주문처에서도 이해해줄 것이다. 그것은 인간으로서 어쩔 수 없는 불가항력의 일이었다. 그런데 가만히 생각해보니 방법이 전혀 없는 것이 아니었다. 주문 물량을 다 만들자마자 곧바로 항공 화물을 이용하는 것이었다.

"항공화물이라고예?"

"달리 방법이 없대이."

"항공화물 운송비가 얼마나 비싼지 아십니꺼? 항공 운송비를 지불하고 나면 남는 게 하나도 없심더."

내가 그걸 모를 리 없었다. 항공화물 운송비는 선박을 이용하는 것보다 무려 다섯 배가 비쌌다. 해외영업팀의 말대로 수출품의 가격과도 맞먹는 비용이었다. 그러나 그것 말고는 다른 방법이 없었다. 해외영업팀은 납기일 연기 공문을 보내자고 주장했지만, 나는 받아들이지 않았다.


## 비즈니스는 장사가 아니다

결국 내 의도대로 해외 주문처의 납기일에 맞추었다. 전 직원이 한마음으로 밤샘 근무를 한 덕분이었다. 나는 큰 손해를 감수하며 항공화물을 이용했다. 창업한 이후 내가 항공화물을 이용한 것은 그때가 처음이었다. 나에게는 치명적인 손실이었지만, 돈보다 더 중요한 신뢰를 지켰다.

'비즈니스는 장사가 아니다. 오랜 친구를 대하듯 예의를 지키는 것이다.'

이는 창업 이후 내 가슴속에 새긴 금언金言이었다. 나는 그 어떤 악조건 속에서도 신용은 지켜야 한다고 생각했다. 7년여 동안 해외 파트에서 근무하면서 내 스스로 깨달은 비즈니스의 진리이기도 했다.

그런데 납기일을 맞춘 지 두 달 후 해외 주문처에서 뜻밖의 공문이 날아왔다.

귀사 공장의 예기치 않은 화재로 인해 어려움이 있었다는 소식을 뒤늦게 전해 들었습니다. 그럼에도 불구하고 납기일을 맞춰준 데 대해 심심한 감사를 드립니다. 앞으로도 귀사와 좋은 관계를 유지했으면 합니다.

비록 짧은 공문이었지만, 그 안에는 무한한 감사와 격려의 뜻이 담겨 있었다. 주문처에서도 우리 회사가 항공화물을 이용한 것을 매우 의아하게 여기고 있었다. 그들은 뒤늦게 우리가 납기일을 맞추기 위해 큰 손해를 감수하면서 항공화물을 이용한 것을 알았던 것이다. 그 공문은 우리 회사와 주문처와의 관계를 더욱 공고히 하는 증명서와도 같았다.

그런데 주문처의 공문이 도착한 지 석 달 후 놀라운 일이 벌어졌다. 까다롭기로 유명한 해외 주문처에서 우리 회사와 신규 거래를 하고 싶다는 의사를 전해온 것이다. 해외 주문처에서 먼저 신규 거래 의사를 타진하는 것은 신발업계에서는 매우 이례적인 일이었다. 이와 같은 일이 어떻게 생긴 것일까. 얼마 후 나는 새로운 사실을 알게 되었다. 화재로 인한 손실에도 불구하고 납기일을 맞추기 위해 우리 회사가 기울인 노력이 신발업계에 널리 소문이 퍼졌던 것이다. 이런 소문을 접한 해외 주문처에서 우리 회사와 거래를 하고 싶다는 의사를 전해온 것이었다.

이를 두고 새옹지마라고 했던가. 화재로 인해 우리 회사는 손실을 본 것이 아니었다. 비록 완제품이 전소해 수십억여 원의 피해를 입었지만, 나는 그 안에서 회사 직원들의 소중한 희망을 발견했다. 그리고 기업은 단순한 돈벌이 수단이 아니라 직원들의 미래를 함께 만들어가는 보금자리라는 사실을 다시금 깨달았다. 또한 신용을 지키기 위해 큰 손실을 감수했지만, 이를 계기로 새로운 해외 주문처를 확보할 수 있었다. 신용을 지키려는 노력이 뜻하지 않은 결실을 맺게 해준 것이다.

# 실패를 두려워하는 조직은
# 앞으로 나아갈 수 없다

나는 창업한 이후 수많은 시행착오와 좌절을 겪었다. 토종 브랜드를 내걸고 신제품 개발에 온 힘을 쏟았지만, 번번이 실패로 돌아가기도 했다. 세 번의 화재를 겪었을 때의 상실감은 이루 말할 수 없을 정도 였다. 오죽했으면 공연히 하늘을 원망했을까.

하지만 실패는 끝이 아니라, 더 큰 성공을 위한 출발점이었다. 앞서 언급한 트렉스타의 신기술이나 신제품은 수많은 실패에서 나온 결실이었다. 네스핏, 아이스그립, 핸즈프리……. 겉으로는 성공한 것만 보이나 그 이면에는 셀 수 없을 만큼 많은 실패의 교훈이 자리하고 있다.

"나는 많은 꿈을 이루었지만, 실패도 많았다. 그러나 실패를 부끄럽게 생각하지는 않았다. 그 실패로 인해 지금의 혼다가 여기에 있기 때문이다."

일본 혼다의 창업자인 혼다 소이치로本田宗一郎의 말이다. 그 역시 수차례 실패를 겪었지만, 그때마다 오뚝이처럼 일어났다. 오히려 실패를 거울로 삼아 더욱 정진했다.

비즈니스맨은 실패를 두려워하지 않고 과감해져야 한다. '못 올라갈 나무는 쳐다보지도 말라'가 아니라 '오르는 데까지는 올라가보자'라는 마음가짐을 가져야 한다. 그러한 도전정신을 가져야 정상에는 오르지 못할지라도 중간까지는 오를 수 있다. 그러나 시도조차 해보지 않고 지레 오르기를 주저한다면 비즈니스맨으로서의 자격이 없다.

실패를 극복하는 과정은 각자의 성향에 따라 달라질 수 있다. 하지만 잊지 말아야 할 것은 오늘의 실패를 내일의 교훈으로 삼는 정신, 나는 이것이 오늘날의 비즈니스맨이 지녀야 할 자세라고 생각한다. 실패를 진정한 교훈으로 삼을 때 비로소 성장하게 된다. 실패를 두려워하기보다는 진지하지 못한 태도를 두려워해야 한다.


## 실패에서 탄생한 네스핏 기술

사실 트렉스타의 네스핏은 실패의 결과로 태어난 기술이다.

나는 2000년 즈음 머지않아 맞춤 신발의 시대가 올 것으로 예상했다. 그때 야심차게 내놓은 신제품이 '디지털 슈즈'라는 맞춤 신발이었다. 산업화에 따른 대량 생산 체제에서 하나의 수치로 표준화된 신발은 많은 불편 요소가 있다. 사람의 발은 생김새가 제각각이기 때문에 신발의 사이즈만 맞춘다고 해서 발이 편할 수는 없는 것이다. 디지털 슈즈는 이러한 불편 요소들을 없애고 디지털 시대에 맞춰 개별 고객들의 요구를 만족시킬 수 있도록 개발한 시스템이었다.

디지털 슈즈의 제작 과정은 3단계로 이루어졌다. 고객이 매장을 방문하면 컴퓨터의 3차원 프로그램으로 고객의 발등 두께, 볼 너비, 발길이 등의 치수를 입체적으로 측정한다. 고객의 데이터는 곧바로 공장으로 전송되어 데이터를 바탕으로 신발을 제작한다. 그리고 공장에서는 주문한 지 이틀 만에 고객의 집에 신발이 도착하도록 하는 시스템이었다. 당시로서는 누구도 생각할 수 없는 획기적인 시도였다.

하지만 디지털 슈즈는 시대에 너무 앞섰던 탓인지 실패로 돌아갔다. 고객들이 매장에 가서 발 사이즈를 측정하는 시간을 내는 것조차 번거로워하고 귀찮아했기 때문이다.

당시 많은 사람들이 생산자 입장에서는 손이 많이 갈 수밖에 없는 신발을 개발하면서 괜한 시간과 비용을 낭비하고 고생만 했다고 말하곤 했다. 그러나 나는 여기에서 포기하지 않았다. 디지털 슈즈의 실패를 거울삼아 새로운 기술에 도전했다. 디지털 슈즈 제작을 위해

측정한 2만여 명의 발 데이터를 바탕으로 가장 평균적인 발 모양을 찾아냈다. 즉 내 발에 맞춘 듯한 착용감을 제공하는 '네스핏 기술'을 개발한 것이다. 남들이 보기에는 디지털 슈즈가 실패로 보일지 몰라도 내게는 또 하나의 기회가 되었다. 당시 내가 디지털 슈즈의 실패로 절망감에 빠져 좌절했다면, 신발의 혁명인 '네스핏'은 세상 빛을 보지 못했을 것이다.

중요한 것은 실패를 했다는 사실이 아니라 이 실패를 어떻게 미래의 교훈으로 받아들이느냐 하는 것이다. 실패를 통해 얻은 유산을 차곡차곡 쌓아서 미래를 위한 준비를 해나가는 것이 치열한 경쟁에서 이길 수 있는 길이다. 실패는 단지 과정일 뿐 결과가 아니라는 것을 잊지 말아야 한다.


## 실패는 결과가 아니라 과정이다


폴라로이드의 즉석카메라, 애플이 내놓은 최초의 컴퓨터 마우스, PDA 열풍의 주역이 된 미국 팜사의 팜V……. 기술 혁명을 이끈 이들 혁신 제품들에는 하나의 공통점이 있다. 바로 미국의 디자인 기업 아이디오IDEO가 낳은 작품들이라는 점이다. 아이디오의 고객 리스트는 전 세계 우량 기업들의 전시장이다. 애플, 마이크로소프트, 코닥, 펩시콜라, JP 모건, 노키아, 도요타 등 300여 개의 기업이 망라

돼 있다. 여기에는 우리나라의 삼성전자, LG전자, SK텔레콤, 현대카드도 포함되어 있다.

아이디오는 세계 경영학계에서 혁신의 대명사로 칭송받는 디자인 컨설팅 기업이다. 지난 2009년 〈비즈니스 위크〉가 세계에서 가장 혁신적인 기업 25곳을 발표했는데, 디자인회사로는 유일하게 선정된 곳이 바로 아이디오였다. 더 놀라운 사실은 나머지 24곳이 모두 아이디오 고객사로 구성되어 있었다는 점이다.

"실패는 성공을 위한 하나의 과정에 불과하다. 아이디오는 실패를 좋아하지 않지만 그렇다고 두려워하지도 않는다. 실패를 두려워하는 조직은 앞으로 나아갈 수 없다는 것을 분명히 알고 있기 때문이다."

아이디오의 창업자인 데이비드 켈리의 말이다. 실제로 아이디오에서 가장 흔하게 들을 수 있는 말 가운데 하나는 '실패를 겪어야 성공한다'는 격언이다. 오늘날 아이디오가 세계에서 가장 혁신적이고 독창적인 기업으로 성장할 수 있었던 것도 실패를 하나의 기업문화로 승화시켰기 때문이다. 이 회사에서 실패는 가벼운 시행착오에 지나지 않는다.

'세계 디자인의 심장'이라 불리는 아이디오에는 다섯 가지 혁신 아이템이 있다. 이는 실패를 두려워하지 않는 아이디오의 혁신적인 발상에서 비롯되었다.

첫째, 에너지를 발산하는 열정의 팀을 만들어라. 팀은 아이디오가 일하는 방식의 핵심이다. 뚜렷한 목표와 문제를 해결하기 위해 조직되고 해산된다. 열정적인 팀을 위해 회사는 세심한 배려로 팀을 구성하고, 주인의식을 가지게 만들며, 팀에 대해 한없는 신뢰를 부여한다.

둘째, 고객의 눈으로 보라. 혁신은 고객의 눈에서 시작한다. 엄청난 이노베이션 성과도 알고 보면 작지만 성실하고 정밀한 관찰을 바탕으로 하고 있다. 고객의 라이프 스타일을 관찰하는 것이 문제를 해결하는 가장 중요한 열쇠다.

셋째, 브레인스토밍의 원칙을 지켜라. ①초점을 명확히 하고 ②규칙을 만들고 ③아이디어에 번호를 매기고 ④때로는 단숨에 뛰어넘고 ⑤아이디어를 사방에 기록하고 ⑥워밍업 시간을 갖고 ⑦바디스토밍bodystorming을 실시한다는 원칙이다.

넷째, 신속한 프로토타이핑을 한다. 아이디오에서는 머릿속으로 생각하거나 그림으로만 그리지 않는다. 손으로 쥘 수 있는 것, 혹은 다른 사람에게 보여줄 수 있는 프로토타입으로 대체한다.

다섯째, 일터에서 혁신하라. 혁신은 특별한 공간이나, 특별한 사람들이 이루어내는 것이 아니다. 자신들이 겪고 있는 문제나 일의 장벽을 뛰어넘고 해결하는 과정에서 탄생하는 것이다. 실패를 두려워하면 혁신은 이루어지지 않는다.

## 팀장이 혁신 조직을 만든다

수년 전, 부산중소기업회에서 강연 요청을 받은 적이 있다. 주최 측이 요구한 강연 주제가 'CEO 입장에서 본 중간 간부의 역할'이었는데, 내게는 다소 생소한 주제였다.

그때 강연 내용을 준비하면서 느낀 점이 많다. 우리 회사에서도 부서별로 중간 간부, 요즘 흔히 말하는 '팀장'이 있다. 과연 이들의 역할이 무엇이며, 회사 내에서 이들은 어떤 존재인가.

내가 보기에 CEO와 팀장의 역할은 종이 한 장 차이라고 생각한다. 성공한 CEO가 화려한 조명을 받기까지는 그를 보좌한 참모들, 중간 간부들의 뒷받침이 존재한다. 다만 시대는 다수의 영웅을 원하지 않기 때문에 대표로서 CEO가 그 영예를 차지하는 것일 뿐이다. 그런데 최근 대기업, 중소기업을 가리지 않고 구조조정을 할 때면 중간 간부가 개혁과 혁신의 장애물로 치부되어 구조조정의 1순위가 되고 있다. 많은 기업이 중간 간부를 경영 환경에 뒤처지는 퇴출 대상으로 인식하고 있는 것이다. 이는 새삼스러운 현상이 아니다. 능력 있는 신세대 부하 직원들의 발언권은 점점 강해지고, 이들과의 사이에서 문제가 생기면 경영진으로부터 질책을 받는 쪽은 언제나 중간 간부들이다. 즉 간부들은 위로는 질타의 대상이 되고, 아래로는 권한 이양의 희생양이 되고 있다.

나는 강연을 준비하면서 팀장이라는 존재에 대해서 곰곰이 생각하게 되었다. 내게 있어서 중간 간부는 보석과 같은 존재다. 현명한 팀장은 상하 간의 훌륭한 다리 역할을 주도하는 커뮤니케이션의 마술사다. 그들은 퇴출의 대상이 아니라 선망과 지원의 대상이 되어야 한다.

대기업이든 중소기업이든 간부의 능력에 따라 기업의 성장 속도가 달라진다. 간부는 회사 내의 업무 파악은 물론 경영자나 부하 직원 간의 소통을 원활하게 하는 교량적 위치에 있다. 따라서 간부는 회사의 핵심 인물이며, 회사를 떠받치고 있는 기둥인 것이다.

## 유능한 리더와 무능한 리더의 가장 큰 차이점

대부분의 간부는 최일선의 구성원들과 가깝게 지내기 때문에 누구보다도 현장의 문제점을 잘 알고 있다. 또 한편으로는 최일선의 업무로부터 일정한 거리를 두고 있기 때문에 보다 큰 그림을 그릴 수 있다. 이러한 점들이 문제 해결과 성장 촉진에 있어서 새로운 가능성을 만들 수 있게 해준다.

이와 같은 임무를 완벽하게 수행한다는 것은 쉬운 일이 아니다. 오히려 괴롭고 고통스런 일이 더욱 많다. 그래서 비즈니스는 전투로도 비유되며, 간부는 다름 아닌 전투 부대를 지휘하는 리더인 것이다. 싸움이란 그것이 고통스럽고 치열한 것일수록 승리의 기쁨이 더욱 크다. 기업 내에서 그 즐거움을 직접적으로 맛볼 수 있는 사람은 실전 부대의 리더 격인 팀장이다.

전국시대 말기의 법치주의자인 한비자韓非子는 군주가 직접 나서기보다는 뛰어난 부하를 잘 활용하는 것이 가장 지혜로운 인재 활용법이라고 했다. 그는 군주의 능력 평가 기준을 세 등급으로 나누었다.

"하등 군주는 자기 능력으로 처리하고, 중등 군주는 남의 힘을 가급적 사용하며, 상등 군주는 부하의 지혜를 이끌어낸다."

자기 혼자서 열 사람의 일을 해내는 것은 하책下策이고, 열의 지혜로 백 사람의 일을 해내는 것이 상책上策이라는 것이다. 한비자가 말하는 현명한 군주는 이 상책과 하책을 모두 사용해 신하들의 간악한 처사를 놓치는 일이 없다고 했다.

여기서 말하는 군주를 CEO나 팀장으로 해석해도 큰 무리가 없을 것이다. 작은 일이든 큰 일이든 모두 자신이 직접 처리하려고 하는 팀장은 실패하기 십상이다. 최고경영자나 중간 간부, 일반 사원 등은 각자의 맡은 일이 있고 그에 따르는 책임이 있다. 그러나 이 같은 역할 분담의 임무를 벗어나 혼자 모든 일을 처리하는 팀장은 일반 사원으로부터 환영을 받지 못한다. 이와 같은 팀장은 경영자에게 믿음을 갖지 못하고, 경영자의 눈치만 보거나 의욕적으로 일을 하려 하지 않는다.

## 목표와 비전, 큰 그림을 그리는 리더

팀장은 CEO와 마찬가지로 비전과 큰 목표를 가지고 있어야 한다. 목표가 크고 대담할수록 구성원들에게 더 큰 자극을 줄 수 있다. 비전은 내면 깊은 곳으로부터 생겨나기 때문에 목표가 클수록 모험정신도 커지게 된다.

나 역시 비전과 투철한 목표 의식을 가지고 있는 팀장을 선호한다. 아마 대부분의 CEO가 나와 같은 생각을 가지고 있을 것이다. 그런데 신제품 개발 회의를 할 때면 종종 보수적인 의견을 제시하는 팀장이 있다. 모험보다는 안정을, 혁신보다는 안위를 먼저 생각하는 팀장이 의외로 많다. 물론 개인의 성격 차이겠지만, 이런 팀장들은 대부분 맡은 일에는 충실하나 비전을 제시하는 데는 약한 편이다.

현명한 간부는 항상 다가오는 세상을 내다보기 위해 '비전'에 관해 진지하게 생각해야 한다. 유능한 간부는 조직의 미래에 대한 비전을 제시하고 확실한 그림으로 보여준다. 결코 모호하거나 복잡하지 않게 그린다. 비전은 커야 하지만 그 비전은 단순하고 명료하게 표현될 수 있어야 한다.

아울러 간부가 비전을 설정했다면 조직과 연관시키는 일이 중요하다. 미래를 구체화하는 데 정신적으로 헌신할 수 있는 사람이 있어야 비전을 실현할 수 있다. 충성스럽고 헌신적인 직원들, 그들이야말로 비전을 실현할 수 있는 가장 중요한 성공 요인이다.

또한 이 같은 비전을 확립시키는 데는 무엇보다 구체적인 목표가 있어야 한다. 간부 자신의 목표뿐만 아니라 부서 전체의 목표도 명확하게 해야 한다. 원래 사람들은 자주적으로 활동할 때 일에 대해 더 많은 의욕을 느끼게 된다. 하지만 목표가 명확하지 않으면 의욕을 잃고 소극적인 조직으로 변한다. 이는 간부의 비전과 목표가 불투명할 때 자주 발생한다. 간부의 확실한 비전은 조직은 물론 일반 사원들에게까지 영향을 미칠 수 있다.

간부가 목표를 결정하는 데는 여러 가지 방법이 있다. 무엇보다 부하 직원에게 문제점을 스스로 파악하게 하고 목표를 세우도록 위임하는 것이 효과적이다. 매출이 떨어지거나 제품의 불량률이 높아지면 왜 그런 일이 발생하는지, 어떻게 개선해야 좋을지 함께 토론하는 것이 중요하다. 그리고 전 사원이 목표에 대한 각오가 세워지면 이를 실천할 수 있는 환경을 조성해야 한다. 만약 이런 방법으로도 업무 실적이 오르지 않는다고 해도 결코 서둘러서는 안 된다. 비전이나 목표는 단기간에 성취되는 것이 아니기 때문이다. 중요한 것은 부하 직원들이 스스로 생각하게 하는 것이다.

트렉스타가 수많은 실패를 겪으면서도 창의적이고 혁신적인 신제품을 연이어 세상에 내놓을 수 있었던 것은 미래를 함께 만들어나간다는 비전을 공유했기 때문이다. 거미 신발이 뜻하지 않은 장애물에 부딪쳤을 때, 디지털 슈즈가 시장에서 환영받지 못했을 때, 세 번의 화재를 겪었을 때, 또 일일이 열거하기 힘든 그 숱한 시행착오와 실패 속에서도 다시 일어설 수 있었던 것은 사원들을 다독이고 격려하며 또 때로는 그들의 등을 힘겹게 떠밀면서 단계적으로 일을 성취하는 데 앞장섰던 '팀장'들이 있었기 때문이었다. 그들이야말로 실패를 두려워하지 않는 진정한 리더들이었다. 그리고 회사가 제시한 비전과 사명에 공감하고 불굴의 투지로 주저앉은 자리를 털고 일어섰던 사원들 모두가 또한 참된 리더들이었다.

# 기업의
## 가장 큰 재산

"

희망과 사랑이 있는 한

삶은 결코 배신하지 않는다.

"

# 리더의
## 조건

# 리더십의 출발점은
# 인간애다

6년 전쯤의 일이다. 퇴근 시간 무렵 중국에서 일시 귀국한 최 대리
가 나를 찾아왔다.

"드릴 말씀이 있심니더."

최 대리는 중국 톈진 공장에서 마케팅 부서를 담당하고 있었는데,
잠시 업무 관계로 본사에 와 있었다. 그는 내게 무슨 할 말이 있는지
머뭇거리다가 어렵게 말문을 열었다.

"주례 좀 서달라고 왔심니더."

나는 최 대리의 뜻밖의 제안에 머뭇거렸다. 최 대리가 다음 달에
결혼식을 올린다는 사실은 잘 알고 있었지만, 주례 선생으로 나를
택하리라고는 예상하지 못했다. 서울의 명문대학 출신인 그에게는
주례를 맡아줄 만한 저명한 교수도 많을 텐데 왜 내게 주례를 서달

라는 것일까.

"지도 많이 생각했심니더. 사장님께서 저를 끝까지 믿고 이 회사에 꼭 붙잡아두었으니 주례도 서주어야 할 것 아닙니꺼."

나는 더 이상 망설이지 않고 그의 제안을 흔쾌히 수락했다. 그의 마지막 말이 내 마음을 조용히 흔들었다. 최 대리의 말대로 나는 그를 우리 회사에 남아 있도록 길을 열어주었다. 그를 고용한 회사의 사장으로서가 아니라 인생 선배로서 그에게 조언을 아끼지 않았다. 문득 그가 처음 우리 회사에 입사하던 때가 떠올랐다.

최 대리는 대기업을 마다하고 자신의 고향이기도 한 부산의 우리 회사를 선택했다. 그는 내가 처음 신발업계에 발을 들여놓았을 때와 닮은 점이 많았다. 그 역시 중소기업에서 마음껏 꿈을 펼쳐 보이고 싶었던 것이었다. 대부분의 요즘 젊은 세대와는 달리 안정적인 직장보다는 도전과 모험을 원했다.

그러나 그는 입사한 지 1년이 다 되도록 회사에 적응하지 못했다. 나는 틈틈이 신입사원들을 주시하곤 했는데, 최 대리는 동료나 선배 사원들과 잘 어울리지 못하는 편이었다. 그동안 내가 지켜본 경험에 따르면 이런 신입사원들은 대부분이 입사한 후 2년을 넘기지 못했다. 최 대리 역시 조만간 회사를 그만둘 것 같았다.

아무리 뛰어난 실력을 갖추고 있어도 조직과 융합되지 못하면 개인의 능력을 발휘하는 것도 한계에 이르는 법이다. 예나 지금이나 우리나라의 기업 문화는 조직원으로서의 팀워크를 중요하게 여긴다.

나는 무엇보다 그의 유창한 중국어 실력이 아까웠다. 그를 신입사원으로 채용했던 이유도 다름 아닌 그의 중국어 실력 때문이었다. 나는 입사 3년차가 될 때 그를 중국 공장이 있는 톈진에 파견할 생각을 가지고 있었다.

## 신입사원과의 저녁 식사

그러던 어느 날 나는 그를 회사 앞의 식당으로 불러내 저녁을 함께했다. 술 한 잔 기울이면서 그와 이런저런 얘기를 나누고 싶었다. 처음 그는 내가 식당으로 불러낸 것을 무척 의아하게 여겼으나 술이 들어가자 편안하게 나를 대했다. 소주 한 병이 비워질 무렵, 나는 그에게 회사를 다니는 데 무슨 문제가 있느냐고 조심스럽게 물었다. 그는 한참을 망설이더니 다음과 같이 말했다.

"생각보다 직장 생활이 쉽지 않심니다."

그가 속내를 털어놓기까지 제법 시간이 걸렸다. 나는 더 이상 그 이유를 묻지 않고 인생 선배로서 다음 두 가지를 말해주었다.

첫 번째는 '가지려면 먼저 베풀어야 한다'는 조언이었다. 아울러 다이아몬드는 여러 번 깎을수록 더욱 광채가 나고, 사람은 자기를 버릴수록 주변에 많은 사람이 모이게 된다고 했다. 또 하나는 자신의 능력을 펼치기 전에 주위 사람과의 끈끈한 인간관계를 유지하는 것이 좋을 것이라고 말했다. 위의 두 가지를 지키기 위해서는 인내와 끈기가 가장 필요한 덕목이라고 덧붙였다.

그날 나는 최 대리와 적지 않은 대화를 나누었다. 나는 그의 말에 귀를 기울였고, 그 역시 내 말을 진지하게 경청했다. 그때만큼은 그와 나는 한 회사의 대표와 평사원이 아니었다. 나는 굴곡진 삶을 겪어온 인생 선배였고, 그는 원대한 꿈을 가진 젊은이였다. 늦은 밤 우리가 식당을 나설 때, 그는 식당에 들어설 때보다 얼굴이 한층 밝아 보였다.

다음 날부터 회사 안에서 그의 태도가 눈에 띄게 달라졌다. 아침 일찍 출근한 그는 사무실에 들어서는 선배 사원들에게 깍듯하게 인사를 하고 동료 직원과도 스스럼없이 말을 섞었다. 점심시간이 끝난 후에는 자판기에서 커피를 꺼내 같은 부서 직원에게 돌리기도 했다. 그날 이후 팀원들과 어울리려는 노력이 여실히 보였던 것이다. 그가 조직에 서서히 동화되자 그의 능력도 빛을 보기 시작했다. 원래 모험과 도전정신이 투철했던 그의 진가가 나타난 것이다. 그가 입사 3년차가 되던 해 봄, 예정했던 대로 나는 그를 중국 톈진 공장으로 발령을 냈다.

"나는 자네가 큰 꿈을 가지고 있는 것을 잘 알고 있대이. 중국에 가서 마음껏 능력을 펼쳐보거래이."

나는 그가 애초부터 중국에서 근무하고 싶어 하는 것을 잘 알고 있었다. 그러나 진즉에 그를 중국에 보내지 않은 것은 조직의 생리를 잘 파악한 후에 가도 늦지 않다고 여겼기 때문이었다. 중국은 우리나라와는 달리 의지할 만한 곳이 없다. 품은 뜻이 담대해도 팀원 간의 커뮤니케이션이 잘되지 않으면 버티기 힘든 곳이다. 그래서 나는 그가 본사에서 좀 더 실력을 키운 후 중국에 가기를 원했다. 그는 중국에 파견된 후 물을 만난 물고기처럼 맡은 일에 적극적으로 뛰어들었다.

최 대리를 보면 문득 그때의 일이 떠오른다. 어쩌면 그날 식당에서 인생 선배로서 한마디 전해준 것이 그에게는 큰 힘이 됐을지도 모른다. 그것이 숨어 있는 그의 역량을 이끌어낸 원동력이 아니었을까. 어찌됐든 최 대리는 지금 우리 회사에서 없어서는 안 될 직원이 되어 있다. 최 대리의 결혼식에 주례를 선 날, 그는 피로연에서 내게 이렇게 말했다.

"그날 식당에서 사장님께서 해주신 말씀이 제 인생의 터닝 포인트였심더."


## 진정한 리더십에 대하여


회사에는 여러 성향의 사원이 있다. 성실한 사원, 고집이 센 사원, 성격이 급한 사원 등 다양한 성격을 지닌 사원들이 존재한다. 대부분의 팀장들은 이런 사원들 중에 개성이 강한 사원들을 다루기 힘들다고 한다.

두루뭉술한 사원은 상사의 의견과 충돌하는 일이 없지만, 즉시 동조하거나 타협을 하기 쉬운 면이 있다. 이에 반해 개성이 강한 사원은 붙임성이 없고 농담도 잘하지 않는다. 그러나 일단 일을 맡게 되면 최선을 다해 능력을 발휘한다.

고집이 세고 다루기 힘든 사원은 자칫 반항적이기 쉽지만, 점차 부서 내의 분위기에 적응하게 되면 강한 집중력과 책임감을 발휘한다. 최 대리가 이와 같은 성격의 사원이었다. 최 대리는 고집이 세고 자존심이 강한 편이다. 그가 입사한 후 회사에 적응하지 못한 것도 그런 성격과 무관하지 않았다. 최 대리처럼 개성이 강한 직원은 팀장이 자기 나름의 신념을 가지고 있어야 잘 통제할 수 있다. 개성이 강한 사원 앞에서 유약하고 줏대 없는 모습을 보이면 부하 직원은 결코 그를 따르지 않는다. 겉으로는 마지못해 말을 듣는 것 같아도 돌아서면 팀장의 줏대 없는 행동을 미덥지 않게 여긴다. 아무리 다루기 힘든 사원이라고 해도 팀장의 능력에 따라 영향을 미치게 되는 것이다. 그것이 바로 진정한 리더십이다.

팀장들은 자신에게 해가 되지 않는 한, 다루기 쉬운 직원을 곁에 두고 싶어 한다. 그래서 경영자 주위에는 예스맨만 남게 되는 경우를 자주 보게 된다. 이는 자신의 마음에 거슬리는 사원을 멀리함으로써 생기는 결과다. 팀장 역시 자신의 말을 잘 들어주는 부하 직원, 반발하지 않는 부하 직원, 때로는 자신을 추켜세워줄 수 있는 부하 직원을 소중히 여기기 쉽다. 그러나 팀장도, 경영자도 이러한 생각을 갖고 있어서는 곤란하다. 팀장은 고집이 세고 다루기 힘든 부하 직원에게도 주의를 기울이면서 리더십을 발휘해야 한다.

리더십은 조직원과 일체감을 조성하는 데서 출발한다. 명확한 신상필벌의 원칙, 확실한 명령 체계 등이 선행되어야 부하 직원은 팀장을 믿고 따를 수 있다. 팀장의 리더십은 단순히 지위를 부여했기 때문에 생기는 것이 아니다. 그 지위에 상응하는 실력과 포용력이 수반되어야만 부하 직원들이 따라오는 것이다.


## 고전 속에 담긴 리더십의 정수


CEO가 된 후 내가 책을 고르는 기준에 약간의 변화가 생겼다. 예전에는 주로 경제경영서를 읽었는데, 중국 고전에도 조금씩 관심을 갖기 시작했다. 중국 고전에는 리더십과 통솔력 등 경영자에게 귀감이 되는 글이 많기 때문이다. 사실 이와 같은 책 속에는 회사 경영에 참조가 될 만한 고사가 적지 않게 실려 있다. 그래서 경영자로서의 역할에도 큰 도움을 주고 있다. 특히 내가 관심 있게 읽는 분야는 공자, 한비자, 순자 등의 제자백가가 맹활약한 춘추전국시대의 고전들이다.

이 시기는 중국 역사상 정치사회적으로 분열과 대립이 가장 치열하게 전개된 때다. 춘추전국시대는 모든 기존의 질서가 무너졌던 혼란의 시기이지만, 기회의 시기이기도 했다. 천하통일을 꿈꾸는 열국 군주들의 패권과 야망 그리고 그들을 통해 자신의 재능과 포부를 펼치고자 했던 수많은 책사들의 도전과 좌절이 끊임없이 명멸했던 장이었다.

춘추전국시대의 열국 군주들은 국가 존망의 기로 속에서 두 가지의 핵심적인 국가 경영 정책을 펼쳤다. 하나는 경제적인 힘을 갖기 위한 부국강병책이었고, 다른 하나는 경쟁 상대국보다 우위에 서기 위한 인재등용책이었다.

제자백가는 자신들의 사상적 토양을 국가 경영의 기틀로 삼아 열국의 군주들과 함께 정책을 이끌었다. 공자나 맹자 같은 유가에게는 지도자의 자세나 인간 경영의 노하우가 있었고, 노자나 장자 같은 도가는 치열한 국가 경영의 원리를 주장했다. 이들은 사상적 토양을 국가 경영의 이념으로 삼아 활동의 폭을 넓혔으며, 경제적 성취라는 점을 최고의 목표로 삼았다. 이들은 국가 경영의 중심이 되는 핵심 요소를 군주에게 설득했으며, 이를 통해 자신의 지위 보전과 국가의 발전을 도모했다. 국가 경영에 참여한 책사들의 능력에 따라 국가의 운명이 좌우된 것이다.

경영 측면에서 볼 때 제자백가는 오늘날 경쟁력 강화라는 가혹한 현실을 헤쳐 나가는 기업의 CEO와 흡사한 점이 많다. 한 기업의 생존은 최고경영자에게 달려 있다고 해도 과언이 아니다. 치열한 경쟁

시대에는 최고경영자의 판단과 능력 그리고 뛰어난 인재 등용술에 따라 기업의 흥망이 결정된다.


## 오자병법

여러 제자백가 중에 나는 특히 오자鳴子의 용인술에 주목했다. 중국 최고의 병법서인 《손자병법孫子兵法》과 쌍벽을 이루는 것이 《오자병법鳴子兵法》이다. 이를 한데 묶어 '손오孫鳴병법'이라고도 한다.

오자의 경영 스타일은 '현실 전략형 리더십'에 바탕을 두고 있다. 그는 이상사회를 꿈꾸거나 미래지향적인 세계관에서 벗어나 현실에 근거를 두고 정책을 펼쳤다. 오자는 외교관이나 정책 입안자 같은 행정가에 그치지 않았다. 직접 전쟁에 참가한 경력으로 인해 그의 능력은 전장에서 더욱 진가를 발휘했다.

오자는 전투에 임하기 전에 장기 전략을 수립하고, 조직의 내부 결속을 통해 조직의 힘을 더욱 강화시키는 발군의 능력을 보였다. 특히 그가 부하에게 쏟은 애정은 훗날 많은 유세가들이 입에 올릴 정도로 각별했다. 평상시는 물론 전시에도 부하와 똑같이 행동하여 부하로부터 신뢰감을 얻었던 것이다. 결국 이 같은 뛰어난 통솔력은 부하들을 감동시켰을 뿐만 아니라 그들의 역량을 극대화시켜 수십 차례의 전투에서 단 한 번의 패배도 없는 완벽한 전쟁을 치렀다. 또한 그의 전략 전술은 유연하고 무리가 없어서 전시 변화에 따라 이를 잘 활용해 뛰어난 공적을 올리기도 했다.

오자는 자신의 말을 실천하기 위해 직접 부하들과 함께 행동했다. 그는 항상 말단의 병졸과 같은 옷을 입고, 같은 음식을 먹었다. 취침할 때도 돗자리를 깔지 않았으며, 행군 시에도 병차를 타지 않고 부하들과 함께 걸었다. 자신이 먹을 식량도 병사에게 운반시키지 않고 자신이 직접 휴대했다. 그는 병졸들과 똑같이 고통을 나누었다. 부하들이 그를 신임하게 되는 것은 당연한 일이었다.

한번은 그의 부하가 몸에 종기가 나서 괴로워하였다. 이를 본 오자는 부하의 종기에 자기의 입을 대고 고름을 빨아내주었다. 나중에 그 이야기를 전해 들은 병사의 모친은 울면서 쓰러졌다. 이웃 사람이 이상히 여겨 부하의 어머니에게 물었다.

"당신 아들은 한낱 졸병에 지나지 않는데 장군이 나서 직접 입으로 고름을 빨아내주셨소. 그런데 대체 무엇이 서러워 운단 말이오?"

"그런 게 아닙니다. 실은 지난해에 오 장군은 그 애 아버지의 종기에서도 고름을 빨아내주셨습니다. 얼마 후 그이는 장군의 은혜에 보답하고자 전쟁터에서 물러서지 않고 끝까지 싸우다가 전사하고 말았습니다. 듣자하니 이번에는 아들의 고름을 빨아내주셨다지 않습니까? 이제는 아들의 운명도 결정된 것 같아서 울고 있는 것입니다."

# 리더가 지녀야 할 네 가지 조건

오자는 춘추전국시대의 대표적인 실천주의자이며 현실적인 사고 방식을 지닌 인물로 손꼽힌다. 그가 부하에게 쏟은 애정이나 관심은 당시에도 큰 반향을 일으켰다. 엄격한 명령만으로도 부하를 움직일 수 있지만 진정한 의욕을 불러일으킬 수는 없다. 결국 인간을 결정적으로 움직이는 힘은 마음이다. 오자는 이를 누구보다 잘 알고 있었고, 몸소 실천으로 보여주었다. 병졸의 입장에서 생각하고 행동한 그의 행적을 보면 오자야말로 부하들로 하여금 몸과 마음을 다 바쳐 행동하게 만드는 발군의 지휘자였다.

오자는 리더가 지녀야 할 자질을 다음의 네 가지로 정리했다.

첫째는 '품격'이다. 장수가 품격을 지녀야 조직 전체가 잘 통제되고 부하들도 스스로 복종하는 자세를 갖게 된다.

둘째는 '겸허와 관용'이다. 장수는 모름지기 이런 덕망을 갖추고 있어야 부하들이 목숨을 바쳐도 아깝지 않다는 충성심을 지니게 된다.

셋째는 '부하에 대한 사랑'이다. 밑에서 고생하고 있는 부하들의 심정을 헤아려 그들을 보살피고 다독이는 마음이 필요하다.

넷째는 '결단력'이다. 오자는 장수의 자질 면에서 이 결단력을 가장 중요하게 여겼다. 그는 전쟁에서 승패를 좌우하는 열쇠도 장수의 결단력에 따라 결정된다고 보았다. 장수의 결단력에 따라서 수

많은 병사를 잃을 수도 있고, 수많은 곡식과 병력을 얻을 수도 있다.

오자는 군을 통솔하는 장수가 가장 피해야 할 요소는 우유부단이라고 지적했다. 또한 장수가 정확한 시기에 결단을 내리지 못하거나 어설프게 호의를 베풀다가는 전군이 궤멸될 수도 있다고 했다.

"장수가 이 네 가지 조건을 갖추고 있어야만 비로소 부하를 통솔하고, 백성을 안심시키고, 적을 위압하며, 주저함이 없이 싸움터에 나가 지휘할 수 있다. 또한 부하들은 결코 장수의 명령을 어기지 않으며, 적도 감히 쳐들어오지 못한다. 이 같은 자질을 지닌 장수가 있으면 나라는 부강해지지만, 그렇지 못하면 멸망을 면하기 어렵다."

오자는 이런 지도자의 자세나 조건, 마음가짐을 주장하는 데 그치지 않고 자신이 직접 행동으로 보여주었다. 또한 그가 정승의 지위에 올랐을 때는 이 같은 자세를 정치에도 잘 적용하여 큰 성공을 거두었다.


## 사랑하는 사람만이 사랑을 얻는다


오자가 제시한 예에서 보듯이 최고경영자의 결단력은 매우 중요하다. 그래서 혹자는 최고경영자는 정상에 있기 때문에 외롭다고 말한다. 이 말이 의미하는 진정한 뜻은 최고경영자의 결정에 따라 기업의 미래가 좌우되는데, 올바른 결정을 내리기 위해서 최고경영자는 어디에도 얽매이지 않아야 한다는 것이다. 그러니 외로울 수밖에 없다.

기업의 전략은 전쟁터의 전략과 다름없다. 전략은 전쟁터에서 전쟁을 하는 순간부터 바뀐다. 실행에 옮기는 과정에서 끊임없는 적응과 변화를 겪기 때문이다. 최고경영자는 상황 변화에 따라 능동적으로 대처하고, 매순간마다 결단을 내려야 하는 승부사다.

오늘날의 기업은 부하 직원을 교육하는 데 투자를 아끼지 않는다. 그러나 이런 실질적인 교육 이외에 경영자가 부하 직원에게 해야 할 일이 있다. 우선 부하 직원들이 자긍심을 갖고 자신이 맡은 일을 충실하게 수행하며, 회사를 자랑스럽게 여길 수 있도록 환경을 조성해야 한다. 또한 경영자와 사원들이 연대의식을 가지고 상호 신뢰할 수 있는 인간관계를 형성하는 것도 경영자의 몫이다. 부하 직원이 진정으로 회사와 경영자를 신뢰하는지는 회사가 위기 상황에 처해 있을 때 생생하게 드러난다.

오자의 통솔력과 경영 스타일은 내게도 시사하는 바가 크다. 특히 내가 오자에게서 얻은 교훈은 '연대의식'과 '리더십'이다. 실제로 회사를 경영하다 보면 이 두 가지 덕목이 어떤 가치보다도 우위에 있다는 사실을 체감하게 된다. 리더십의 정수는 기교도, 용인술도 아닌 마음에 있다. 리더의 깊은 영혼으로부터 우러나오는 사랑의 마음이 사람들의 심금을 울릴 때, 비로소 리더십은 성공을 보게 되는 것이다.

병사의 종기를 빨아준 오자의 행동이 기교일 수도 있다. 그러나 병사가 그를 위해 희생을 마다하지 않았던 것은 그들의 심금을 울렸기 때문이다. 시대를 초월해 부하의 마음을 움직인 그의 탁월한 리더십은 오늘날의 경영자도 꼭 되새겨야 할 부분이다.

# 현장에
# 답이 있다

내가 한 기업의 CEO로서 직원들에게 가장 강조하는 것 중의 하나
가 '창의력'이다. 창의력은 기업의 구성원이라면 누구나 갖추어야
할 요소다. 하루가 다르게 변화하고 발전하는 현대 사회에서 창의력
은 비즈니스맨이 갖추어야 할 필수 항목이기도 하다.

사실 우리나라와 같이 억압된 조직 문화에서 창의력을 실현하는
것은 쉽지 않은 일이다. 그럼에도 불구하고 많은 기업과 조직들이
구성원들로부터 번뜩이는 창의력을 요구하고 있다. 그렇다면 비즈
니스맨에게 창의력이란 무엇이며, 또 이를 한 단계 끌어올리는 방법
은 무엇일까? 나는 무엇보다 상품에 대해 뚜렷한 목표와 열의를 갖
는 일이라고 생각한다. 또한 사물을 부정적으로 생각하지 않고 긍정
적으로 바라보는 것이다. '상식적으로 그런 것은 불가능하다', '누군

가가 이전에 시도했지만 실패했다'는 식으로 생각하면 창의력은 생겨나지 않는다.

내가 핸즈프리나 아이스그립과 같은 독특한 기술을 개발하게 된 것도 상식에 얽매이지 않고 실패를 두려워하지 않았기 때문이다. 만약 실패를 두려워하거나 이를 개발하는 데 머뭇거렸다면 트렉스타의 신기술은 빛을 보지 못했을 것이다. 비록 수차례 실패를 거듭했으나, 나는 결코 포기하거나 주저하지 않았다. 그것이 엉뚱하고 엽기적인 발상이라고 해도 성공할 때까지 시도하고 또 시도했다.

창의력을 높이기 위해서는 평소 지혜와 지식을 습득하는 노력을 지속적으로 경주해야 한다. 특히 현장이나 업무를 통해 지혜를 습득하는 일이 중요하다. 현장을 직접 체험하면서 습득한 실력과 안목은 사물을 보다 긍정적으로 바라볼 수 있는 기초적인 마인드가 형성되도록 돕는다. 내가 '현장으로 나가 직접 눈으로 관찰하라'고 주장하는 것도 이와 같은 맥락이다. 그래서 나는 수시로 산에 오르며 직접 등산객을 만나고 그들의 이야기를 듣는다. '현장에 답이 있다'는 신조 때문이다.

또한 현장에 갈 때는 단지 보는 것만으로 그쳐서는 안 된다. 그곳에서 어떤 과정을 거치고, 또 어떤 결과물을 얻는지를 염두에 두어야 한다. 그런 과정을 반복하다 보면 사물을 보는 안목이 넓어지고 점차 현실에 맞는 비즈니스의 지혜를 터득하게 된다. 특히 일에 대한 자부심과 집중력이 생길 때 좋은 아이디어가 떠오른다. 상대에게 의지하려거나 도움을 바라면 좋은 아이디어는 결코 떠오르지 않는다. 프로 근성을 가지고 뚜렷한 목표 의식이 있을 때 지혜가 솟는 것이다.


## 호기심이 창의력의 출발점이다


2000년대 초반, 나는 마케팅 부서를 담당하고 있는 대학 동창의 부탁으로 한 중견기업에 강연을 나갔다. 입사 3년차 이내의 평사원을 대상으로 한 강연이었는데, 서른 명 남짓한 수강생 중에서 유독 한 사원에게 눈길이 쏠렸다. 다른 사원들은 의자에 편안한 자세로 앉아 경청하고 있는 데 비해 그 사원은 열심히 내 강의를 메모하고 있었다. 그의 눈과 귀는 강의를 들으랴, 메모를 하랴 눈코 뜰 새 없이 바빠 보였다. 강연을 듣는 그의 자세가 인상적이어서 나는 강의를 마친 뒤 대학 동창에게 그가 어떤 사원인지를 물었다.

"우리 회사에서 가장 적극적이고 유능한 사원이대이."

내 예상대로 그는 회사에서도 인정하는 엘리트 사원이었다. 나는 대학 동창에게 바로 그 사원이 내 강연을 가장 열심히 듣고 있었다면서 그에게 더욱 힘을 실어주었다.

나는 강연을 할 때마다 한 가지 눈여겨보는 것이 있다. 그곳에 참석한 사람들의 태도다. 이를 통해 누가 경쟁력을 가지고 있는지를 예상할 수 있다. 즉 어떤 사람이 얼마만큼의 열의를 갖고 자신의 일에 몰입하는가를 알 수 있는 것이다. 대부분의 사람들은 그저 앉아서 무심코 강의를 듣는다. 그들은 강연하는 사람의 이야기를 한귀로 들으면서 몇 가지 사실들을 대충 기억하는 것으로 만족한다. 이렇게 수동적으로 듣는 사람들은 호기심이 강하지 않으며, 주어진 일을 수동적으로 하는 데 익숙한 타입들이다. 그런데 대체로 소수이지만 눈을 반짝거리면서 강연을 듣는 사람들이 있다. 이들은 언제나 강사의 말을 놓치지 않고 열심히 메모를 한다. 그들은 적극적으로 다른 사람들의 이야기를 듣는 데 익숙하다.

기본적으로 메모를 잘하는 비즈니스맨은 호기심이 강한 사람이다. 그들은 다른 분야의 아이디어를 흡수함으로써 자신의 분야에서도 혁신이 이루어진다는 사실을 잘 알고 있다. 또한 혁신과 개선에 대한 아이디어를 어디서 어떻게 얻을 수 있는지를 오랜 경험을 통해 알고 있다.

## 메모가 가진 기능

강연을 하다 보면 앞서 말한 사원처럼 적극적으로 강의를 듣는 사람을 종종 마주하게 된다. 열심히 메모를 하거나 진지한 표정을 지으며 강사와 호흡을 맞추려고 한다. 그런 사람을 보면 무의식적으로 어떤 호감을 느낀다.

메모는 단순히 기록만을 남기는 것이 아니다. 상대방이 하고 있는 말에 대한 적극적인 관심의 표현이기도 하다. 다시 말해 메모를 함으로써 상대방의 말을 존중하고 그의 이야기에 귀를 기울이고 있다는 것을 나타내는 간접적인 의사 표시인 것이다. 그런 행동은 상대에 대한 예우 차원뿐만이 아니라 자신을 알리는 계기가 된다. 이런 행동은 중요한 모임에서 자신을 적극적으로 알리려고 할 때 매우 바람직하다. 물론 이런 자세가 실속은 없고 겉으로만 표현하려는 제스처라면 문제가 되지만, 그 모임에서 무언가 하나라도 더 얻고자 하는 열의가 있다면 적극 권하고 싶은 자세다.

메모에 적극적인 사람은 결코 시시콜콜한 이야기나 기억하지 않아도 될 부분을 적지 않는다. 메모는 자신만이 필요한 수단이나 도구가 아니다. 위의 사례에서도 보듯이 상대에게 자신의 적극성을 알리는 방식으로도 활용할 수 있다.

한 대기업에서는 신입사원을 평가할 때 그 사람이 얼마나 열의를 가지고 메모를 하는가에 따라 점수를 매긴다고 한다. 대부분의 신입사원은 입사 시험 때는 실수를 하지 않으려고 스스로를 꼼꼼히 체크하지만, 일단 입사를 한 뒤에는 약간 흐트러지는 자세를 보인다. 긴장감이 느슨해진 탓이기도 하지만, 무엇보다 힘든 관문을 통과했다는 안도감 때문일 것이다. 그러나 팀장급의 리더들은 이런 신입사원들의 느슨한 태도를 결코 놓치지 않는다. 특히 이들이 가장 눈여겨

볼 때는 신입사원 오리엔테이션이나 연수를 받을 때다. 그들의 시선을 의식할 필요는 없지만, 신입사원으로서의 마음가짐과 태도에 주의를 기울여야 한다.

초청 강사의 강연이나 선배 사원의 경험담 등을 메모하는 것은 곧 자신이 열의를 가지고 있다는 것을 표현하는 것이다. 이런 적극적인 태도는 훗날 자신의 밝은 미래를 위해 디딤돌을 놓는 것과 같다. 또한 알찬 강연 내용이나 선배 사원의 소중한 경험을 들으면서 조직의 일원으로서 굳건히 자리 잡는 것이다.


## 수첩은 나의 아이디어 창고다

나는 출장을 떠날 때 반드시 검정색과 빨간색 펜을 지참한다. 단순한 기록은 검은색 펜으로, 개선하거나 기억해야 할 포인트는 빨간색 펜으로 메모한다. 지금은 휴대폰이며 아이패드 등 여러 첨단 기기가 나와 있지만, 1980년대만 해도 기록을 하기 위한 도구는 수첩이 전부였다.

나는 지금도 늘 수첩을 몸에 지니고 다닌다. 물론 좋은 아이디어가 떠오르거나 특이한 것을 관찰했을 때 이를 메모하기 위해서다. 나의 책상 서랍에는 오래된 수첩이 수북이 쌓여 있다. 이 수첩 안에는 그동안 내가 관찰한 것들이 꼼꼼하게 기록되어 있다.

나에게 수첩은 대용량을 지닌 데이터베이스다. 따지고 보면 내가 신발을 만드는 여러 가지 신기술을 개발하게 된 것도 수첩 덕분이다. 수첩 안에는 내가 보고 듣고 느낀 것 등 별의별 내용들이 가득 들어 있다. 시대가 변하고 세월이 흘러도 나는 여전히 수첩에 메모하는 것을 즐긴다.

사람이 메모를 하는 이유는 무엇일까? 모든 것을 두뇌 속에 저장할 수 없기 때문이다. 특히 메모는 사고력과 전달력을 높여주는 데 중요한 역할을 한다. 그뿐이 아니다. 메모는 기록하는 것 이외에도 여러 장점이 있다. 메모를 하는 과정은 정보를 저장하는 의미가 있다. 즉 자신이 새롭다고 인지認知한 정보를 두뇌에 각인시켜나가는 과정이다. 만일 어떤 정보가 비즈니스에 활용되기를 원한다면 반드시 메모를 해야 한다. 손으로 메모를 하는 과정에서 그 정보는 두뇌의 어느 부분에 깊이 새겨지게 된다. 메모를 통해 이곳저곳 파편처럼 흩어진 정보들이 하나로 모이게 되는 것이다.

각 분야에서 한 획을 그었던 인물들은 대부분이 메모광이었다. 천재 물리학자 아인슈타인도, 기업 경영의 신화적 존재로 평가받는 잭 웰치 역시 메모광으로 유명하다. 특히 잭 웰치의 냅킨에 적은 메모 일화는 경영계에 널리 알려져 있다.

## 메모를 잘하는 방법

메모광들은 언제 어디서 번쩍 떠오를지 모를 아이디어를 잡기 위해 긴장을 늦추지 않는다. 이들은 항상 기록할 준비를 하면서 자연스럽게 메모광이 되어간다. 보잘것없는 사물을 대하면서도 꾸준히 관찰한 기록은 훗날 창조의 원천이 된다. 창의력은 작은 메모에서부터 출발한다고 해도 과언이 아니다.

그렇다면 어떻게 메모를 하는 것이 가장 효율적일까? 나는 오래전 메모에 대해 상세하게 기술한 책을 읽은 적이 있다. 바로 사카토 켄지의 《메모의 기술》이라는 책이다. 처음에는 메모에도 무슨 특별한 기술이 있는지 의아했는데, 이 책 속에는 뜻밖에도 가슴에 와 닿는 구절이 많았다.

저자는 메모의 기술을 다음 7가지로 정리했다.

1. 언제 어디서든 메모하라.

2. 주위 사람들을 관찰하라.

3. 기호와 암호를 활용하라.

4. 중요 사항은 한눈에 띄게 하라.

5. 메모하는 시간을 따로 마련하라.

6. 메모를 데이터베이스로 구축하라.

7. 메모를 재활용하라.

저자는 메모할 때는 키워드나 기호만으로 충분하다고 강조한다. 군이 예쁜 글씨나 보기 좋게 기록하지 않아도 된다는 것이다. 메모는 남에게 보여주기 위한 것이 아니라 자신을 위한 기록이기 때문이다. 따라서 나중에라도 자신만 알아볼 수 있으면 된다. 또한 메모를 할 때 반드시 '글자'만 쓰라는 법은 없다. 나중에라도 자신이 보고 무슨 내용인지 알 수 있으면 된다. 따라서 속기하듯 기호와 암호를 적절히 사용하면, 시간도 절약되고 '요점정리'라는 메모의 기본 요령도 익힐 수 있다.

메모는 자기 자신에 대한 '지시'다. 어떤 사람을 만났을 때 또는 어떤 일에 감동하거나 좋은 아이디어가 떠올랐을 때 그 느낌과 발상을 기억하기 위해 스스로에게 '잊지 말라'는 지시를 내리는 것이다.

나는 메모를 다시 정리하지는 않지만 가끔 들춰보며 메모를 추가하거나 밑줄을 긋곤 한다. 이렇게 하면 메모할 당시의 기억이 되살아나기도 하고 메모한 내용에서 다시 영감을 얻는다. 메모를 하면 군이 많은 지식과 정보를 머릿속에 담아두지 않아도 되므로 머리가 자유로워진다. 아인슈타인은 "머릿속을 비워둬야 창조적인 생각을 할 수 있다"며 집 전화번호조차 수첩에 적어둘 정도였다고 한다. 창의력을 높이고 싶다면 컴퓨터나 휴대폰에서 검색 기능만 활용할 것이 아니라 직접 메모하는 습관을 기르는 것이 좋다. 스스로 관찰하고 발견한 것을 적는 데는 메모만큼 유용한 것이 없기 때문이다.

# 메모하는 사람에게는 특별한 것이 있다

오래전 내가 인상 깊게 본 영화 한 편이 있다. 바로 〈메멘토〉라는 영화다. 이 영화는 단기 기억상실증에 걸린 주인공이 아내를 죽인 범인을 추적하는 과정이 기둥 줄거리다. 그런데 영화 속의 주인공은 단 10분밖에 기억을 하지 못한다. 그래서 주인공은 자신의 제한된 기억력을 메모로 대체한다. 수시로 기록을 하고, 폴라로이드 사진을 찍어가며 기억을 되살리려고 몸부림친다. 주인공은 기억을 생산해내기 위해 몸에 문신을 하기도 한다. 하지만 그러한 메모와 문신마저도 기억을 왜곡한다. 주인공은 그런 사실을 깨닫게 되면서 엄청난 진실과 맞닥뜨리지만 단기 기억상실증을 도피처 삼아 같은 삶을 반복하며 살아간다.

이 영화가 내게 던지는 메시지는 기억에 대한 의문이다. 우리의 기억은 과연 믿을 만한 것인가? 영화는 단기 기억상실증이라는 극단적인 상황을 통해 사람의 기억이 얼마나 불완전하고 쉽게 왜곡될 수 있는가를 얘기하고 있다.

사실 기억의 불완전성과 왜곡은 일상에서 누구나 겪는 일이다. 똑같은 일을 경험하고도 각자가 처한 입장에 따라 저마다 다른 기억을 지닐 수도 있고 오래되거나 중요하지 않은 기억은 잊기도 한다. 기억이 불완전하면 기록도 믿을 만한 것이 되지 못하지만, 영화 주인공은 기억을 보완하는 유일한 방법은 기록밖에 없다고 여긴다. 무엇보다

이 영화에서는 기록에 의지하려는 주인공의 삶이 처절하게 느껴졌다.

나는 이 영화를 보고 기록이나 메모에 대해 많은 생각을 했다. 특히 주인공이 너무도 기록에 집착했기 때문인지 기록을 잘 하지 않는 사람에 대해 곰곰이 되짚어봤다.

나는 기록과 메모를 습관화하지 않는 사람은 딱 두 가지 이유 때문이라고 생각한다. 삶의 목표가 없거나 게으른 사람이다. 삶의 목표가 없는 사람에게 하루하루는 되는 대로 살아가도 되는 무의미한 시간에 불과하다. 그런 사람에게는 과거는 기록할 필요가 없고 현재는 기록할 가치가 없으며 미래에 대해서는 기록할 내용이 없을 수밖에 없다. 이루고 싶은 꿈이 있고 목표가 있어야 날마다 지식과 경험을 쌓으려고 노력하게 되고 그 지식과 경험을 기억하기 위해 메모도 하게 되는 것이다. 반면 게으른 사람은 꿈이나 목표가 있어도 아무런 노력도 하지 않기 때문에 기록할 것이 없는 경우가 많다. 또는 기록 자체를 귀찮아해서 지식과 경험을 낭비하기도 한다. 하지만 꿈을 가진 사람이라면 메모하는 습관을 키워야 한다. 사람의 기억은 기록으로 저장해두지 않으면 영원할 수 없기 때문이다.

메모를 하고 기록하는 행위는 미래에 비전을 가지고 있다는 것을 의미한다. 그와 같은 작은 메모가 먼 훗날 성공의 밑거름이 되는 것이다.

내 서랍 속에 있는 낡고 오래된 수첩은 오늘날 나의 성공에 주춧돌이 되어주었다. 그래서 나는 오늘도 새로운 것을 관찰하기 위해 품 안에 수첩을 지니고 다닌다.

# 독서는
# 미래를 위한 투자다

출장길에 나설 때 나는 항상 2~3권의 책을 챙긴다. 목적지로 이동
하는 기차나 비행기 안에서 읽기 위해서다. 한 달에 7권 정도를 탐
독하는데, 아무리 피곤한 날에도 잠들기 전에 30분 정도는 시간을
내서 책을 읽는다.

나는 1980년대 초반부터 꾸준히 책을 읽어왔다. 그 당시 생긴 독
서 습관이 지금도 이어지고 있다. 사실 사회에 첫발을 내딛었을 때
는 책을 읽기는커녕 신문 한 줄 제대로 읽을 시간이 없었다. 무엇보
다 회사 업무에 열중했기 때문이다. 내가 책을 본격적으로 읽기 시
작한 것은 입사 2년차 때부터였다. 따지고 보면 책을 가까이한 것은
잦은 출장 덕분이었다.

해외영업 파트에서 근무하던 나는 출장이 꽤 잦은 편이었다. 그

래서 출장길에 오를 때면 반드시 평소 눈여겨봤던 책을 챙겼다. 비행기 안에서 무료함을 달래는 데는 책읽기만큼 좋은 것이 없다. 나는 어떤 책도 가리지 않는다. 소설이나 인문서 등도 잘 읽는 편이다. 그래도 경영인이다 보니 주로 경제경영 서적을 자주 접한다. 2000년대 들어서부터는 제자백가 등의 사상을 담은 중국 고전의 매력에 푹 빠져 있다.

나에게는 독특한 독서법이 있는데, 그것은 책을 읽고 나면 중요한 구절에 밑줄을 긋는 것이다. 30년 넘게 몸에 밴 습관이다. 마음에 남는 구절이나 생각해야 할 부분에 밑줄을 그으면 두고두고 그 글귀를 되새길 수 있다. 학창 시절 교과서나 참고서에 밑줄을 그을 때와는 느낌이 사뭇 다르다.

밑줄에는 아주 독특한 힘이 있다. 밑줄 하나하나에는 그 줄을 긋는 사람의 마음이 담겨 있다. 그것은 저자의 생각에 공감을 표하는 마음이기도 하고 그 글을 읽고 깨달음을 얻어가는 여정의 표식이기도 하다. 그래서 누군가가 밑줄을 그어둔 책에서는 읽은 이의 마음이 엿보이고, 내가 밑줄 그어둔 책을 다시 들춰볼 때는 과거의 나를 돌아보게 된다.

밑줄 긋기의 또 다른 효과는 같은 책을 다시 읽을 때 밑줄 친 부분만 읽음으로써 시간을 절약할 수 있다는 점이다. 남의 책이나 도서관에서 대출한 책에 함부로 흔적을 남겨서는 안 되겠지만 자신이 소장한 책이라면 적극적으로 흔적을 남기는 것이 좋다.

# 하루 1시간의 투자가 미래를 만든다

요즘 지하철이나 버스를 타면 책 읽는 사람을 거의 볼 수가 없다. 학생들은 물론 직장인들도 마찬가지다. 모두가 하나같이 휴대폰 삼매경에 빠져 있다. 2000년대 초반까지만 해도 지하철에서 책을 읽는 사람을 자주 볼 수 있었는데, 휴대폰이 대중화된 후로는 책을 가까이하는 사람을 볼 수가 없다.

특히 직장인들은 취업을 한 후부터 독서를 소홀히 하는 경향이 있다. 그러나 빠르게 변화하는 시대에 적응하기 위해서는 책을 가까이해야 한다. 독서를 통해 얻는 지식은 곧 자신의 미래를 좌우하는 열쇠이기 때문이다.

직장인이 책을 멀리하는 것은 직무를 등한시하는 것과도 같다. 직장인, 특히 비즈니스맨에게 독서는 서로가 뗄 수 없는 관계다. 비즈니스맨이 빠질 수 있는 가장 큰 함정은 시야가 좁아져 외부 환경 변화에 대응하지 못하는 경우다. 기업의 외부 환경은 매우 빠르게 변화하고 있다. 지금 비즈니스맨에게는 업무를 통해서 자기 개발을 하는 것만으로는 감당할 수 없을 만큼 환경이 빠르게 변화하고 있고, 환경 적응에 따른 부담과 압력이 점점 커지고 있는 실정이다. 이런 부담감에서 빠져나오기 위해서는 무엇보다 자신의 장단점을 잘 파악해야 한다. 끊임없이 자신을 연마하고 고정관념의 함정에 빠지는 것을 경계해야 한다. 무엇보다 외부 환경에 대처하기 위해서는 스스로 독서하는 습관을 몸에 익혀야 한다. 책 속에는 교양과 지식은 물론 삶의 지혜를 줄 수 있는 내용이 가득하기 때문이다.

군이 많은 책을 읽을 필요는 없다. 자신을 점검하고 체크하는 데 도움이 되는 책이나 기업의 거시적 변화와 업계의 흐름을 파악할 수 있는 안목을 키워주는 책을 탐독하면 된다. 단행본 이외에 자신에게 맞는 잡지를 선별하여 정기 구독하는 것도 하나의 방법이다.

비즈니스맨은 대체로 나이가 들어가면서 직관적으로 반응하는 경향이 강하다. 논리적인 추론이나 분석을 거치지 않고 오랜 경험을 통해 얻은 직관에 따라 마음 가는 대로 결정한다는 뜻이다. 하지만 시시각각 변화하는 환경에서는 과거의 경험이 무용지물이 될 수도 있다. 결국 현실에 맞지 않는 잘못된 데이터를 바탕으로 어떤 결정을 내린다는 것인데, 이러한 일이 반복되면 큰 낭패를 볼 수도 있다. 따라서 때로는 가던 길을 멈추고 차분하게 자신의 주변 환경을 둘러보는 습관을 가져야 한다. 독서는 이러한 습관에 힘을 보태줄 뿐만 아니라 인격 형성에도 도움을 준다.

직장인은 적어도 하루에 1시간 정도는 독서 시간을 갖도록 해야 하며, 월급의 2퍼센트 정도는 자신의 미래를 위해 독서에 투자해야 한다. 투자 없이 더 나은 장래를 기대하기란 어렵다. 평상시에 많은 독서를 한 사람은 비상시에 그만의 실력을 발휘하게 마련이다.

# 내 인생의 책

오래전 한 신문사와 인터뷰를 하던 중에 기자가 이렇게 물었다.
"특별히 권하고 싶은 책이 있습니까?"

그때 문득 떠오른 책이 세스 고딘의 《보랏빛 소가 온다》였다. 나는 이 책을 처음 접했을 때의 감동을 지금도 잊지 못한다. 이 책은 늘 관찰과 아이디어, 독창성, 창의력에 목말라 있던 내게 단비와도 같은 책이었다.

이 책은 기존의 누런 소들 가운데 눈에 띄는 '보랏빛 소'가 되기 위해서는 독창성과 차별화가 전제되어야 한다는 것이 주요 내용이다. 세스 고딘은 《퍼미션 마케팅》, 《아이디어 바이러스》 등 세계적인 베스트셀러를 통해 독창적인 마케팅 기법을 제시해온 마케팅 혁명가다. '보랏빛 소Purple Cow'로 상징되는 '리마커블Remarkable'이라는 새로운 마케팅 개념을 통해 날로 경쟁이 치열해지는 서비스 시장에서 최종 승리자가 되는 방법을 제시하고 있다. 특히 추상적이고 개념적인 원칙론에 그치지 않고, 핵심 포인트를 군더더기 없이 정확히 전달하고 있다는 것이 이 책의 장점이다.

저자는 가족과 함께 프랑스를 여행하던 중 수백 마리의 소떼가 초원에서 풀을 뜯는 풍경을 보고 놀라움을 금치 못한다. 저자의 눈에는 그 소떼들의 모습이 한 편의 영화처럼 장관이었던 것이다. 그러나 곧 그 영화 같은 장면도 20분 이상 지나니 지루해지기 시작한다.

그때 저자는 이런 질문을 던진다. 수백 마리 소들 가운데 보라색 소가 한 마리 있었다면 얼마나 돋보였을까? 이런 저자의 독특한 발상에서 등장한 것이 바로 '보랏빛 소'다.

아무리 노력해도 생각만큼 좋은 성과가 나오지 않는다면, 그것은 시장의 규칙이 바뀌었기 때문이다. 하지만 그런 사실을 이야기해주는 사람은 아무도 없다. 세계 시장에서 통하는 규칙은 대부분 2백 년 전에 이미 만들어진 것이다. 따라서 저자는 새로운 시장에 도전하기 위해서는 차별화 전략에 나서야 한다고 강조한다.

지금 이 순간에도 세계 곳곳에서는 수십만 개의 신제품이 쏟아지고 있다. 우리 회사 역시 창의력의 보고인 디자인센터에서 신제품 개발에 힘을 쏟고 있다. 그러나 이 수많은 신제품 중에서 세계 시장에서 빛을 보는 것은 10퍼센트가 채 되지 않는다.

독창성과 차별화가 전제되지 않으면 '흉내'나 '모방'에 불과할 뿐이다. 앞서 언급한 것처럼 흉내만 내서는 결코 1등이 될 수 없다. 세스 고딘이 말하는 '보랏빛 소'는 곧 시장의 한계를 뛰어넘는 '독창성'만이 유일하게 살아남는 길임을 강조하고 있다. 이 책은 급변하는 기업 환경 속에서 창의성과 차별화 전력이 얼마나 중요한지를 다시 한 번 일깨워주고 있다.

# 독서 문화가 기업의 가치를 바꾼다

1999년 겨울, 나는 해외 출장을 마치고 사무실로 돌아오자마자 가방을 열었다. 가방 안에는 두 권의 책이 있었는데, 출국 길에 공항 서점에서 구입한 책이었다. 나는 한 권의 책을 꺼내 당시 마케팅을 담당했던 조 부장에게 건네주었다.

"이 책 볼 만하데이. 한번 읽어보래이."

내가 조 부장에게 권한 책은 구본형의 《익숙한 것과의 결별》이었다. 이 책이 처음 발간된 1999년은 매우 혼란스러운 시기였다. 1997년 11월 우리나라는 국제통화기금IMF에 구제 금융을 요청하기에 이르렀다. 당시 국가도 망할 수 있다는 사실에 온 국민은 경악했다. 기업들이 줄줄이 도산하는 등 위기감이 고조되고, 수많은 사람들이 직장에서 해고되었다. 실업자가 무려 150만 명에 이르렀고, 거리에는 노숙자가 넘쳐났다. 실물경제가 바닥을 모르는 듯 추락하던 시기였다.

《익숙한 것과의 결별》은 IMF를 넘어 새로운 시대로 가는 개혁의 이론과 방법을 제시한 책이다. 저자는 하루에 두 시간은 자신만을 위해 써라, 마음을 열고 욕망이 흐르게 하라고 강조하고 있다. 이 책은 직장에 부는 변화의 바람, 지금 바로 시작해야 할 다섯 가지 일들 등 '익숙한 것과의 결별'을 선언하고 있다. 나 혼자 보기에는 아까운 책이었다. 그래서 회사에서도 각별하게 지내는 조 부장에게 읽어보기를 권했던 것이다.

그로부터 일주일 후, 조 부장이 그 책을 가지고 나를 찾아왔다.

"이 책에 정말 좋은 내용이 많심더. 덕분에 잘 읽었심더."

조 부장은 일독을 권한 내게 두 번이나 고마움을 표시했다. 단순히 직장 상사에 대한 예의가 아니었다.

"지는 책에서 이 글이 가장 마음에 와 닿심더."

삶에는 어떤 흥분이 있어야 한다. 일상은 그저 지루한 일이나 노력의 연속만이어서는 안 된다. 어제 했던 일을 하며 평생을 살 수 없는 것이 바로 격랑과 같이 사나운 지금이다. 부지런함은 미덕이지만 무엇을 위한 부지런함인지가 더욱 중요하다…….

## 책을 함께 나누는 즐거움

조 부장은 얼마나 그 책을 꼼꼼하게 읽었는지 세부 내용을 훤히 꿰차고 있었다. 나는 그런 조 부장을 보자 마음이 흡족했다. 그는 이 책에서 삶의 새로운 방향을 잡았는지 아주 만족한 표정이었다.

유익한 책을 전 직원이 함께 나누는 것은 어떨까? 그때부터 나에게는 직원들에게 책을 선물하는 버릇이 생겨났다. 무엇보다 좋은 책을 함께 나누고 싶은 생각 때문이었다. 처음에는 출장길에서 책을 구입해오다가 시간이 지나자 시내 서점에 일부러 들러 책을 샀다. 그렇게 직원들에게 책을 선물하면서 한 가지 좋은 생각이 떠올랐다. 회사 내의 독서 문화를 아예 정례화하고 싶은 생각이 든 것이다.

직장인이 마음껏 책을 읽기란 쉽지 않은 일이다. 좋은 책을 서로 공유하고 독서하는 분위기를 조성하기 위해 책을 선물했지만 업무로 바쁜 직원들에게 독서는 일 다음으로 밀려날 뿐이다. 나는 이를 바로잡고자 독서에 어느 정도 강제성을 부여하기로 결정했다. 직원들은 선물 받은 책을 읽고 독후감을 제출해야 하며, 독후감을 내지 않으면 책값을 월급에서 공제하겠다고 선언했다.

'강제 독서' 초기에는 친구나 가족에게 시켜서 적당히 독후감을 제출하는 직원들이 많았다. 그저 머리말만 보고 적당히 꾸며 형식적인 독후감을 제출하는 직원도 적지 않았다. 하지만 시간이 지나자 그런 직원들에게 서서히 변화의 바람이 불어왔다.


## 독서 문화가 자리 잡기까지


6개월이 지난 후부터 직원들이 스스로 책을 가까이하기 시작한 것이다. 책을 통해 서로 대화를 나누면서 팀워크도 더욱 견고해졌다. 한 부서에서는 직원들이 서로 감명 깊게 읽은 책을 돌려보기도 했다. 이는 내가 미처 예상하지 못했던 변화였다. 이를 계기로 회사 내의 독서 문화가 자리를 잡아갔다.

우리 회사는 매달 첫째 주 월요일 전체 직원 모임 시간에 무작위로 직원을 뽑아 독후감 발표를 진행하고 있다. 10년 전부터 거르지 않고 해온 행사다. 최근에는 기업의 독서 문화를 더 효율적으로 운용하고 자발적인 학습을 통한 지식경영을 이어가기 위해 '우편 원격 독서교육'도 시작했다. 직원들이 리더십, 마케팅, 혁신 등 관심 있는 키워드를 선택하고, 각 과정에 선정된 책을 읽어 온라인을 통해 스스로 학습하고 평가하는 시스템이다. 그뿐이 아니다. 책을 권하는 것에서 한 걸음 더 나아가 독서 감상을 발표하는 자리를 만들었다. 직원들이 책을 통해서 얻은 통찰과 메시지를 다른 직원들과 함께 공유할 수 있도록 독서 분위기를 조성했다.

독서 감상 이후에는 자연스럽게 직원들끼리 책에서 얻은 영감을 서로 교류하는 시간이 주어진다. 이와 같은 직원들의 토론 자리에서 새로운 아이디어가 나오고 기발한 안건이 도출되기도 한다. 여기에서 나온 아이디어는 실제로 업무에 활용되어 큰 성과로 나타나기도 했다.

또 책을 함께 읽고 지식과 정보를 공유한 사람은 어떤 의견을 나눌 때에 그 의미를 보다 신속하고 정확하게 주고받을 수 있다. 예를 들어 '깨진 유리창 법칙'이라는 말을 들어 이야기를 나눈다고 하자. 이 말은 미국의 홍보 컨설턴트인 마이클 레빈이 쓴《깨진 유리창 법칙》이라는 책에 나오는 말인데, 깨진 채로 방치되어 있는 유리창 하나가 사람들로 하여금 다른 멀쩡한 유리창을 깨도 된다고 생각하도록 만드는 것을 뜻한다. 폐가나 폐쇄된 공장의 유리창을 깨는 것에 대해서는 아무런 양심의 가책을 느끼지 않듯이, 기업과 조직의 사소한 문제를 그대로 방치해둘 경우, 구성원들은 그 문제를 되풀이하면서도 전혀 거리낌을 느끼지 않게 되는 것이다. 같은 책을 함께 읽은 뒤에 바로 이러한 이야기를 나누면서 '깨진 유리창 법칙'을 예로 든다면, 진부하게 설명하는 것보다 더 명확하게 사안을 전달하고 전달받을 수 있는 것이다.

우리 회사가 글로벌 시장에서 기술력과 제품으로 인정받는 데는 직원들의 독서 문화도 한몫 단단히 했다. 우리 회사의 아이디어 원천은 바로 십수 년 전부터 꾸준히 이어온 독서 문화라고 해도 과언이 아니다. 독서는 자기 자신을 성숙시킬 뿐만 아니라 팀워크에도 적지 않은 영향을 끼쳤다. 그래서 나는 요즘도 직원들에게 선물할 책을 고르기 위해 서점을 찾는다.

# 평생 행복하려거든
# 정직하라

어머니는 내게 두 가지의 소중한 유산을 물려주셨다. 하나는 '신앙'
이고, 다른 하나는 '정직'이다.

어머니는 독실한 불교신자였다. 내가 어렸을 때부터 절에 자주 다
녔는데, 어머니는 절에 갈 때마다 늘 나를 데리고 갔다. 어린 시절 나
는 절에 가면 마음이 편안해졌다. 산사 주위의 풍경은 물론 은은하
게 들려오는 목탁 소리도 아주 좋았다. 정말 그때만큼은 모든 걱정
으로부터 벗어나는 기분이었다.

법당 문은 늘 활짝 열려 있었다. 열린 문 안으로 수십 개의 촛불이
놓여 있었다. 꺼질 듯하면서도 꺼지지 않는 촛불이 더없이 신비롭게
보였다. 황금색 불상 앞에서는 예불에 참석한 신도들이 절을 올리고
있었다. 단정한 옷차림으로 절을 찾아온 신도들은 하나같이 무슨 깊

은 사연을 지니고 온 사람처럼 보였다.

어머니는 오랜 시간 그들과 함께 절을 올렸다. 절을 올리면서 가족의 이름을 입에 올리며 아들딸이 잘되도록 기원했다. 황금 불상은 자비로움으로 가득 찬 얼굴로 절을 올리는 사람들을 넉넉하게 굽어보았다.

"동칠아, 이리 온나."

어머니는 법당 안에서 절을 마치고 나면 나를 법당 뒤편으로 데리고 갔다. 그곳에는 작은 돌들로 층층이 쌓아올린 어른 키만한 돌탑이 있었다.

"니도 여기에 돌을 올려놓거라."

"이게 무신 돌인데예?"

신도들이 자신의 소원을 빌고 난 뒤 그 증표로 돌을 쌓아두는 곳이었다. 어머니는 작은 돌을 집어 들고 탑 위에 올려놓았다. 그러고는 또 다시 가족의 건강과 앞날을 위해 두 손을 모아 기도를 올렸다. 나도 어머니를 따라 두 손을 모으고 기도를 올렸다.

어머니는 내가 어려움에 처해 있을 때 늘 절을 찾았다. 어느 때는 아예 절에 살다시피 하며 나의 장래를 위해 헌신했다. 내가 지금도 하루도 빠지지 않고 108배를 올리는 것은 어머니의 영향을 받았기 때문이다.

# 정직함이 내 성공의 발판이었다

나는 사업의 위기가 찾아올 때마다 이를 극복하는 방안의 하나로 시간이 나는 대로 사찰을 찾아 하루 종일 절을 하고 몸을 낮추는 것으로 마음의 위안을 삼는다. 이렇게 무념무상의 시간을 갖게 되면 나도 모르는 사이에 자신감이 회복되고 마음이 맑아진다. 욕심이 사라지고 헛된 잡념으로부터 벗어난다. 나는 식사를 거르는 일은 있어도 108배를 거르는 일은 없다. 출장을 갈 때도 절을 하는 것을 결코 소홀히 하지 않는다. 해외 출장을 갈 때면 호텔 방에서 절을 한다. 절을 올리면서 차분하게 마음을 진정시키고 앞으로 해야 할 일을 머릿속으로 정리한다. 108배를 하기 전만 해도 나는 기관지가 좋지 않아 일 년에 한두 번씩 심한 감기를 앓았다. 그런데 108배를 하고 나서는 단 한 번도 감기에 걸린 일이 없다.

이제 주말에는 고즈넉한 사찰을 찾아서 몸과 마음을 힐링하는 것이 취미생활이 되었다. 예나 지금이나 절에 가면 마음이 편안해지고 잃었던 활력을 찾게 된다. 가끔은 절을 둘러보면서 나를 위해 절을 올리고 두 손을 모아 기원을 하던 어머니를 떠올린다. 오직 자식이 잘되기를 기원했던 어머니의 정성 어린 손길을 곰곰이 되새겨본다.

어머니는 '정직하라'는 말을 입에 달고 사신 분이었다. 비록 가난한 집안이었지만, 어머니는 가정교육만큼은 철저히 시켰다. 특히 어머니가 강조한 것이 정직이었다. 사실 이 세상을 살아가면서 정직하기란 쉬운 일이 아니다. 어떤 사람은 정직을 실천하다가 도리어 손해를 보는 경우가 있다고 한다. 그러나 나는 어떤 경우에도 어머니의 바람에 어긋나지 않도록 정직하게 살려고 노력했다. 사실 정직하지 않고서는 여기까지 올 수 없었다. 첫 직장의 무역 파트에서 근무할 당시 해외 바이어들은 나의 '정직'과 '성실'을 높이 평가해주었다. 내가 수주 물량을 따거나 협상에 임할 때는 '악바리'로 불렸지만, 그 이면에는 나의 정직을 인정해주었다. 그런 정직이 바탕이 되어 나는 해외 바이어의 지원으로 창업할 수 있었다.

## 정직함보다 매력적인 것은 없다

우리 회사 본사의 상설매장에서 하자가 있는 물건을 싸게 판다고 광고를 내면 사람들이 벌떼처럼 몰려든다. 문을 열기가 무섭게 장바구니를 든 아주머니들이 물건을 하나라도 더 사려고 전쟁통을 방불케 한다. 웬만한 백화점 바겐세일 때보다 훨씬 더 성황을 이루는 것이다.

어째서 하자가 있는 물건이 그토록 인기가 있을까? 바로 '하자가 있다'는 결점을 정직하게 드러냈기 때문이다. 숨기고 싶은 결점을 스스로 드러낸다는 것은 정직하기 전에는 불가능한 일이다. 그리고 이런 정직함이 상품에 대한 신뢰감이나 매력으로 이어진다.

비즈니스도 마찬가지다. 내가 직장에 다닐 때 해외 바이어로부터 창업 제안을 받은 것도 이와 같은 정직이 밑바탕에 깔려 있었기 때문이다.

어느 분야에서나 마찬가지겠지만, 해외 바이어들은 신뢰와 정직으로 사람 됨됨이를 판단한다. 누구든 정직한 사람에게는 호감을 느끼게 되는 법이다. 특히 인사권자는 인사 문제에 있어서 정직을 가장 중요한 덕목으로 손꼽는다. 이는 21세기를 살아가는 지금의 생활상뿐만이 아니다. 기원전 공자 역시 인재를 등용할 때 가장 먼저 '정직'을 내세웠다.

"정직한 사람을 정직하지 못한 사람보다 높은 자리에 발탁하면 백성들의 지지를 얻을 수 있다. 그러나 정직하지 못한 사람을 정직한 사람의 윗자리에 앉히면 백성들의 지지를 잃게 되며, 나라의 근본이 무너지게 된다."

정직이란 말은 어려서부터 죽을 때까지 항상 우리 곁을 따라다니고 있다. 정직이란 너무도 흔한 것 같지만, 사실은 따지고 볼수록 누구에게나 어렵고 까다로운 문제다.

미국의 한 대학 연구소에서는 사람이 하루에 몇 번이나 거짓말을 하는지를 조사했다. 20명에게 소형 마이크를 부착하여 조사한 결과, 하루에 약 200번이나 거짓말을 했다고 한다. 1년 동안 인간이 하는 거짓말은 무려 수만 번에 이른다고 한다. 실로 놀라운 일이 아닐 수 없다. 영국에는 정직과 관련하여 다음과 같은 속담이 있다.

'하루만 행복하려면 이발을 하고, 일주일 동안 행복하고 싶거든 결혼을 해라. 한 달 동안 행복하려면 말을 사고, 한 해를 행복하게 지내려면 새 집을 지어라.'

결혼을 하면 행복한 기간이 일주일뿐이고 새 집을 짓고 사는 행복은 1년뿐이라는 뜻이다. 이 속담은 끝으로 '평생을 행복하게 지내려면 정직하라'라고 결론을 내린다. 정직이 얼마나 소중한 것인지를 일깨워주는 속담이다.

나는 정직과 신앙, 어머니가 물려주신 이 두 가지 위대한 유산을 늘 마음 한편에 고이 간직하고 있다. 과연 이 위대한 유산을 내 자녀에게도 물려줄 수 있을까. 나는 오늘도 어머니가 내게 그랬던 것처럼 108배를 올리며 내 자녀의 밝은 앞날을 기원한다.


## 정상의 길에 오르기까지

트렉스타가 오늘에 이르기까지 나를 도와준 사람들이 아주 많다. 신제품 개발을 위해 열정을 쏟은 디자인센터 직원들, 고객의 눈높이에 맞춰 서비스에 최선을 다하는 AS센터 직원들, 세계 아웃도어 시장 개척에 앞장서는 글로벌 및 마켓팅 부서의 직원 등 트렉스타를 이끌어가는 수많은 직원들이 있기에 여기까지 올 수 있었다. 어디 이들뿐이겠는가. 회사를 위해 소소하고 작은 일에도 자신의 일처럼 최선을 다하는 직원이 많다는 것을 나는 잘 알고 있다.

어쩌면 회사를 이끌어가는 두 개의 축은 이들의 '땀'과 '열정'이 아닌가 싶다. 직원들의 땀과 열정이 없었다면 나는 이미 오래전에 이 사업을 접었을지도 모른다. 회사가 위기에 처해 있을 때에도 이들은 굳건히 자신이 맡은 자리를 지켜서 내게 큰 힘이 되어주었다. 나는 겉으로는 표현을 잘하지 않아도 늘 이들에게 감사한 마음을 가지고 있다. 묵묵히 자신이 맡은 일을 수행하는 직원들, 이들이야말로 우리 회사는 물론 우리나라 경제를 든든하게 받쳐주는 기둥이다.

회사 직원들 이외의 사람들에게도 많은 은혜를 입었다. 특히 사회에 나와 알게 된 몇몇 형님들의 은혜를 늘 가슴에 새기고 있다. 나는 어렸을 때 형님이 일찍 돌아가셔서 늘 형이 있는 아이들을 부러워했다. 그런데 사업을 시작하고 난 후 친형님 못지않게 존경스러운 분들을 알게 되었다. 이 형님들은 내 사업을 마치 자신의 일처럼 발 벗고 나서며 시간과 돈을 아끼지 않았다. 그들은 내게 아낌없이 주는 나무였다. 땡볕 더위에는 시원한 그늘을 제공했고, 칼바람이 불어올 때는 든든한 기둥으로 바람을 막아주었다.

그리고 내 고향 근처의 절에 큰스님이 계시는데, 나를 친자식처럼 아껴주시는 분이다. 큰스님은 내가 어려울 때마다 정성스럽게 기도를 올리며 내가 잘되기를 진심으로 기원해주었다. 내게는 정신적인 지주 같은 분이다.

오늘의 내가 있기까지 이들이 내게 베푼 고마움은 말로 다 표현할 수가 없다. 작은 일이든 큰 일이든 나는 늘 이들의 도움을 받았다. 그들의 진정성 있는 위로와 격려의 말 한마디에 나는 오뚝이처럼 다시 일어설 수 있었다. 그리고 이 분들에게 보답하기 위해서 더욱 더 열심히 뛰고 있다.

## 고객을 사원처럼, 사원을 가족처럼

나는 가끔 퇴근 전에 AS센터에 들르고는 한다. 그곳에는 수십여 명의 AS센터 직원들이 전국의 고객들이 보내온 헌 신발을 고치고 있다. 신발을 부둥켜안고 신발의 실밥을 꿰매는 그들의 손길을 볼 때마다 마음이 경건해진다. 사실 제품을 만들어내는 것은 누구나 할 수 있는 일이다. 그것이 회사가 사는 길이며, 회사를 키워가는 목적일 것이다. 그러나 제품을 만드는 것보다 사후 관리를 위해 더 열정을 쏟아야 한다는 것이 내 오랜 경영 방침이다.

이 글을 쓰고 있는 지금, AS센터의 군화 수선팀은 전방 부대에 순회 출장 중이다. 봉고 차에 군화를 수선할 장비를 가득 싣고 AS센터 직원 네 명이 전방 부대를 방문하고 있다. 그들은 두 달 가까이 집에도 들어가지 못하고 전방 부대가 있는 외딴 객지를 떠돌고 있다. 물론 군 장병들의 군화를 수선해주기 위해서다. 트렉스타의 전방 부대 출장 서비스는 국토를 지키는 군 장병에게 어떤 도움을 줄 수 있을까 하는 단순한 생각에서 출발했다. 처음에는 부산에서 가까운 군부대로 출장 방문했던 것이 인연이 되었다. 그때 군 장병들의 반응이 너무 좋았던 터라 이제는 전방 부대까지 진출해 매 6개월마다 두 달 동안이나 순회 서비스를 실시하고 있다.

군부대 장병들을 위한 AS 사업은 우리 회사에 큰 이익을 주는 것은 아니다. 대부분 군 장병들의 군화를 무료로 수선해주기 때문에 손해를 보는 경우가 많다. 그러나 어디 이를 손해라 할 수 있을까.

"군 장병들의 군화를 수선해줄 때는 마치 군대 간 아들 녀석의 군화를 고쳐주는 기분입니다."

군부대 출장 서비스의 책임자인 우 팀장이 자주 하는 말이다. 그의 말대로 군 장병은 우리 모두의 아들이고 또 형제가 아니던가. 국토를 수호하는 군 장병의 발이 조금이라도 편해질 수만 있다면, 그것으로도 감사해야 할 일이다. 게다가 누군가에게 도움을 줄 수 있다는 것은 진정으로 행복한 일이다.

군 복무를 해본 사람은 잘 알 것이다. 자금 사정이 넉넉지 않은 군인들이 군화를 수선할 여력이 어디에 있겠는가. 내가 이익만을 추구했다면 이런 군부대 출장 서비스는 시도조차 하지 못했을 것이다. 내게 있어서 '비즈니스는 장사가 아니다'라는 신념은 예나 지금이나 변함이 없다. 고객의 마음을 먼저 움직이면 장사도 잘되고 이익도 저절로 얻어지는 것이 아닐까 싶다. 그것은 창업한 이후 28년 동안 굳건히 지켜온 나의 경영 신념이다.

## 더 새롭고 희망찬 날들을 기원하며

끝으로 이 책을 읽는 독자들에게 꼭 해주고 싶은 말이 있다.

아무리 힘든 시간을 보내고 좌절을 겪더라도 결코 포기하거나 희망을 잃지 말라는 것이다. 실패는 누구나 겪기 마련이다. 때로는 한 번의 실패가 커다란 좌절로 이어질 수도 있다. 그러나 이런 실패의 과정이 있기 때문에 새로운 도약의 단계로 접어들 수 있는 것이다.

인간은 망각의 동물이라고 한다. 하지만 쓰라린 기억을 잊지 않기 때문에 좌절하지 않는다고도 한다. 따라서 과거의 실패가 내일을 위한 약이 될 수도 있다. 과거의 실패 속에서 새로운 자극을 구하는 것도 한 방편이다. 욕망은 강한 승부욕에서 더욱 강화된다. 실패는 누구에게나 반추하기 싫은 기억이지만 한번 해내고야 말겠다는 승부욕에 불을 댕기면 더없이 좋은 자극제가 된다.

"추위에 떤 사람일수록 태양의 따뜻함을 잘 알고 있다. 인생의 고뇌를 겪은 사람일수록 생명의 존귀함을 안다."

미국의 시인 휘트먼의 말이다. 고뇌와 아픔을 경험한 자만이 인생의 궁극적 성공을 획득할 수 있다는 뜻이다.

대부분의 사람들은 재앙을 두려워하고, 행운을 반긴다. 그러나 만물에는 모두 화禍와 복福의 양면이 있다. 그것이 때와 장소에 따라 복이 되기도 하고 화가 되기도 한다. 절대적으로 화인 것, 절대적으로 복인 것은 있을 수 없다. 노자는 이를 두고, 화가 있으면 거기에 복이 달라붙어 있고, 복이 있으면 거기에는 화가 숨어 있다고 했다. 화와 복의 순환의 종말은 아무도 모른다는 것이다.

다시 말해 고된 일은 곧 좋은 일이 생기리라는 전조다. 화가 복이 되고, 복이 화가 되는 변화의 결과는 누구도 알 수 없다. 여기에 인생의 묘미가 있다. 복이 찾아오더라도 화가 내재해 있다는 것을 알고 늘 긴장해야 하며, 화가 찾아오더라도 이것이 복으로 전화위복이 되리라는 믿음을 갖고 희망을 잃어서는 안 된다.

언젠가는 실패의 경험이 훗날 성공의 자양분이 될 수 있다. 화가 있으면 복이 있듯이 성공과 실패도 음과 양의 법칙의 일부이다. 따라서 한번 실패했다고 해서 결코 좌절해서는 안 된다. 실패에도 굴하지 않고 꿋꿋하게 일어서는 도전정신으로 고난의 길을 헤쳐 나가야 한다.

영화 〈바람과 함께 사라지다〉에서 스칼렛 오하라의 마지막 대사로 이 글을 마무리하고자 한다.

'내일은 내일의 태양이 뜬다.'

최고의 성과를 만드는 습관

# 관찰의 힘

© 권동칠, 2020

초판 1쇄 발행    2016년 11월 11일
개정판 1쇄 인쇄    2020년  4월  5일
개정판 1쇄 발행    2020년  4월 16일

지은이        권동칠
펴낸이        이성림
펴낸곳        성림북스
편집          이양훈
디자인        노영현

출판등록      2014년 9월 3일 제25100-2014-000054호
주소          서울시 은평구 연서로3길 12-8, 502
대표전화      02-356-5762 팩스 02-356-5769
이메일        sunglimonebooks@naver.com

ISBN 979-11-88762-13-2 03190